Deutschbuch 7

Förderheft

Texte lesen und verstehen
Argumentieren
Beschreiben
Inhalte zusammenfassen
Rechtschreiben trainieren

Herausgegeben von
Cordula Grunow,
Bernd Schurf und
Andrea Wagener

Erarbeitet von
Agnes Fulde,
Margarethe Leonis und
Mechthild Stüber

Cornelsen

Inhalt

Mit dem beigefügten Lösungsheft kannst du deine Antworten zu den Aufgaben selbst überprüfen.

Dem Heft liegt ein Bogen mit Aufklebern bei. Für jede richtig gelöste Aufgabe kannst du  *ins Heft kleben.*

Vertrag

zwischen

Klebe hier ein aktuelles Foto von dir ein.	und	
Name		Jo

Vertragsgegenstand

1. Jo verpflichtet sich, ______________ (Name) wichtige Kenntnisse zu vermitteln, die helfen, Klassenarbeiten und Hausaufgaben im Fach Deutsch in Zukunft mit besserem Ergebnis zu erledigen.
   Im Einzelnen sind dies folgende Kenntnisse:
   - ☐ **Sachtexte** lesen, verstehen und die Aufgaben dazu lösen,
   - ☐ **Erzähltexte** lesen, verstehen und die Aufgaben dazu lösen,
   - ☐ **Beschreibungen** sachlich und geordnet schreiben und überarbeiten,
   - ☐ **Argumentationen** (Leserbriefe) erarbeiten, überzeugend schreiben und überarbeiten,
   - ☐ **Inhaltszusammenfassungen** sachlich und geordnet schreiben und überarbeiten,
   - ☐ wichtige Strategien bei der **Rechtschreibung** anwenden: .

2. ______________ (Name) verpflichtet sich, in Absprache mit den Eltern und/oder der Deutschlehrerin/dem Deutschlehrer Kapitel dieses Heftes auszuwählen, die er/sie sorgfältig durcharbeiten wird. (Unzutreffendes streichen)
   Die ausgewählten Kapitel werden oben angekreuzt.
   Er/sie wird alle Aufgaben der ausgewählten Kapitel ohne Ausnahme durcharbeiten.
   Er/sie sichert zu, jede Aufgabe selbst mit der Lösung abzugleichen.
   Sobald dies geschehen ist, wird er/sie einen  -Aufkleber vom beiliegenden Blatt neben die erledigte Aufgabe kleben. Dann wissen alle, dass diese Aufgabe schon geschafft ist.

____
Ort, Datum

______________   Jo
Name   Jo

Sachtexte lesen und verstehen

Sachtexte geben dir Informationen. Die Sprache ist sachlich und ohne Ausschmückungen.

Freizeit – chillen oder was geht ab?

1 *Wie kann man seine Freizeit verbringen?*
Erstelle eine Mind-Map zum Thema „Freizeit".

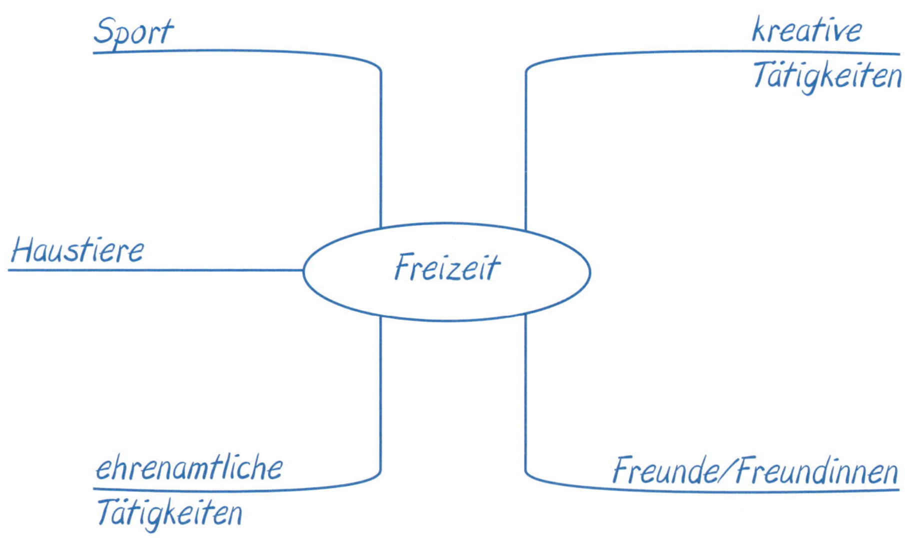

Ein Diagramm verstehen

Beliebte Freizeitaktivitäten von 6- bis 13-Jährigen (2002)

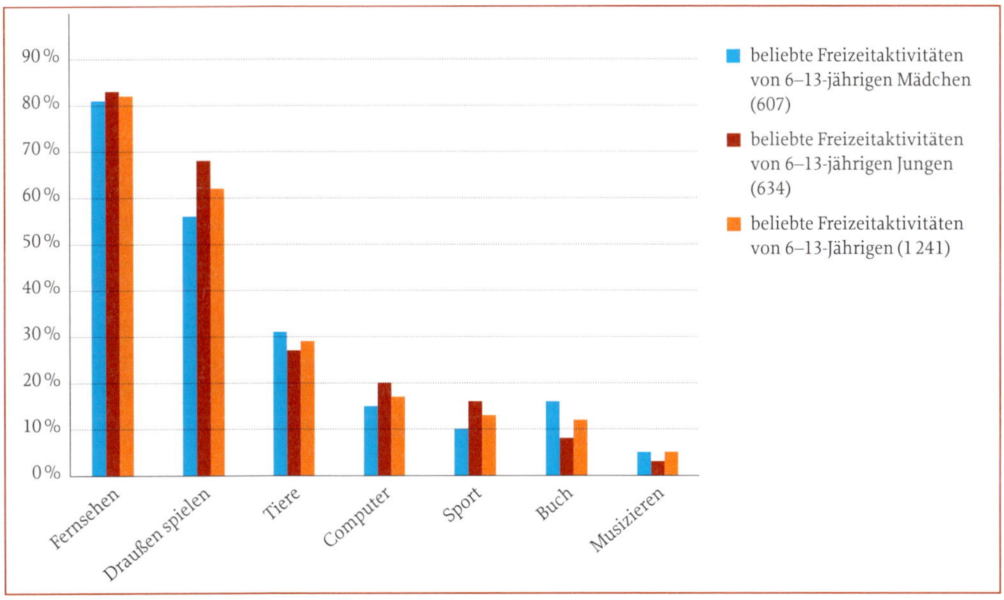

2 *Schau dir das Diagramm aufmerksam an. Schreibe in die Lücken im Text.*

Das Diagramm gibt an, welche Freizeitaktivitäten bei Jugendlichen allgemein, bei ______________ und bei ______________ beliebt sind. Es wurden insgesamt ______________ Jugendliche befragt. Die Antworten der ______________ sind als blaue Säule dargestellt, die der ______________ als rote. Das Diagramm stellt die Ergebnisse vollständig dar, man sieht ______________ Prozent.

3 *Kreuze an, ob die Aussagen richtig oder falsch sind.*

	richtig	falsch
Mehr Mädchen als Jungen sehen fern.	☐	☐
Die Mädchen beschäftigen sich lieber mit Tieren als die Jungen.	☐	☐
20 Prozent aller befragten Jugendlichen treiben Sport.	☐	☐
Nur 8 Prozent der befragten Mädchen lesen regelmäßig ein Buch.	☐	☐
16 Prozent der Jungen treiben fast täglich Sport.	☐	☐
Sehr viele Jugendliche spielen ein Instrument.	☐	☐
Der Computer ist für die Jugendlichen wichtiger als das Fernsehgerät.	☐	☐

4 *Ergänze die Mind-Map auf Seite 4 um weitere Freizeitaktivitäten.*

Mit exotischen Tieren leben

5 *Schau dir das Diagramm auf Seite 5 noch einmal an und ergänze die fehlende Angabe.*

________ Prozent der Jugendlichen beschäftigen sich in ihrer Freizeit mit Tieren.

6 *Lies den folgenden Text ganz durch. Notiere in Stichworten:*

Um welches Thema geht es? ________

Was weißt du schon über dieses Thema? ________

Was möchtest du noch darüber wissen? ________

1 Sich mit Tieren zu beschäftigen, ist eine beliebte Freizeitbeschäftigung vieler Jugendlicher. Gewöhnlich sind es Hunde oder Katzen, die als Haustiere gehalten werden. Neben der Freude, die der Umgang mit dem Tier bringt, muss auch Verantwortung übernommen werden. So sollten sich die Jugendlichen über die Lebensgewohnheiten der Tiere informieren und dafür Sorge tragen, dass die Tiere angemessen gehalten werden. Auch im Falle einer Krankheit sind die Tiere auf ihre Halterinnen und Halter angewiesen.

2 Seit einiger Zeit bevölkern aber auch zunehmend exotische Tiere unsere Wohnzimmer, denn immer mehr Menschen wollen nicht nur Hunde ausführen oder die Käfige von Vögeln säubern. Sie holen sich Tiere ins Haus, die in unseren Breitengraden eigentlich nicht vorkommen, sodass es besonders wichtig ist, Informationen über deren Lebensweise einzuholen, damit den Tieren ein angemessener Lebensraum zur Verfügung gestellt werden kann, was aber gerade die Herausforderung ist.

3 Auch für Leonie, Schülerin der siebten Klasse, sind „normale" Haustiere zu gewöhnlich. Sie darf sich Stabschrecken halten, die in unseren Breitengraden in der Natur nicht vorkommen. Das Besondere an diesen Tieren ist die Fähigkeit, sich „unsichtbar" zu machen. Sie sehen nämlich fast wie Zweige aus. Um sie also in einem Terrarium zu entdecken, muss man schon genau hinschauen. Das Terrarium, in dem die Tiere leben, wird von Leonie mit Brombeerblättern und Brombeerzweigen ausgelegt und regelmäßig gesäubert, damit sich die Stabschrecken wohlfühlen. Besonders interessant aber ist das Beobachten der Tiere. Einmal konnte Leonie eine Häutung beobachten, die sie sehr beeindruckt hat. Jedes einzelne Bein wurde langsam sichtbar. Natürlich waren Leonies Eltern nicht sofort begeistert, dass sie sich für so „schmucklose" Tiere entschieden hat, aber seit sie sehen, dass Leonie in der Beschäftigung mit den Stabschrecken voll aufgeht, unterstützen sie ihr Hobby. Sie durfte sich sogar ein großes Terrarium kaufen.

Knacke den Text:
Wer? – Was? – Wann? – Wo? – Wie? – Warum?
Nicht immer kannst du alle
W-Fragen beantworten.

7 *Beantworte die folgenden W-Fragen in Stichworten.*

Wer steht im Mittelpunkt des Textes? *Leonie, sie ist das Beispiel für eine Tierhalterin.*

Was wird über Leonie berichtet? ________

Wie hält sie ihr Haustier? ________

Warum gefällt ihr das Hobby? ________

8 *a) Lies den Text erneut und markiere die Schlüsselwörter.*
b) Hast du genau gelesen? Kreuze die richtige Aussage an.

	richtig
Besonders alte Menschen holen sich exotische Tiere in ihre Wohnungen.	☐
Stabschrecken kommen in unseren Wäldern nicht vor.	☐
Haustiere können für sich selbst die Verantwortung übernehmen.	☐
Die beliebtesten Haustiere sind Ratten und Mäuse.	☐

9 *Der Text hat drei Sinnabschnitte. Sie sind mit ❶ bis ❸ gekennzeichnet.*
Trage hinter den Überschriften ein, zu welchem Absatz im Text sie passen.
Achtung: Eine Überschrift lässt sich nicht zuordnen.

Exotische Tiere bald auch bei uns heimisch	*Abschnitt (______)*
Exotische Tiere in unseren Wohnzimmern	*Abschnitt (______)*
Stabschrecken – Leonies Haustiere	*Abschnitt (______)*
Mit Tieren beschäftigen – eine beliebte Freizeitbeschäftigung	*Abschnitt (______)*

Textknacker für lange Sätze
Unterteile lange Sätze in **Sinneinheiten**. Eine erste Hilfe geben dir die Kommas.
Fasse den Sinn eines jeden Abschnitts zusammen.
Mache dir klar, wie die Informationen zusammenhängen.

10 *Die beiden folgenden Sätze sind lang und verschachtelt. Knacke sie Schritt für Schritt.*
a) Satz A ist in Sinneinheiten unterteilt. Fasse jede Sinneinheit in einem eigenen Satz zusammen.

A Sie holen sich Tiere ins Haus, die in unseren Breitengraden eigentlich nicht vorkommen, | sodass es besonders wichtig ist, Informationen über deren Lebensweise einzuholen, | damit den Tieren ein angemessener Lebensraum zur Verfügung gestellt werden kann, | was aber gerade die Herausforderung ist.

Sie holen sich Tiere ins Haus, die hier nicht vorkommen. Es ist besonders wichtig, ____________

____

____

____

b) Unterteile Satz B in Sinneinheiten. Fasse im Heft jede Sinneinheit zusammen.

B Natürlich waren Leonies Eltern nicht sofort begeistert, dass sie sich für so „schmucklose“ Tiere entschieden hat, aber seit sie sehen, dass Leonie in der Beschäftigung mit den Stabschrecken voll aufgeht, unterstützen sie ihr Hobby.

11 *a) Fasse den Inhalt des Textes auf Seite 6 kurz zusammen. Schreibe in dein Heft.*
b) Was hast du Neues über die Freizeitbeschäftigungen Jugendlicher erfahren?
Ergänze die Mind-Map aus Aufgabe 1 auf Seite 4.

Das Leben läuft unter Wasser einfach anders ab. Alles ist ruhiger – und es gibt viel Neues zu entdecken. Es ist wirklich faszinierend, in eine Welt einzutauchen, die so ganz anders ist als alles, was man sonst so kennt.

Am Anfang steht das Schnorcheln. In vielen Urlaubsländern liegen nur wenige Meter vom Strand entfernt Korallenriffe vor der Küste. Mit Flossen, Taucherbrille und einem Schnorchel geht's dann ab in eine neue Welt – am besten mit einer Tauchlehrerin oder einem Tauchlehrer. Es warten herrlich bunte Korallen, Fische, Krebse und Unterwasserschnecken darauf, auch von dir entdeckt zu werden. Du kennst sicher einige Fische aus dem Zeichentrickfilm *Nemo*. Am Korallenriff kannst du sie live erleben.

Schnorcheln ist sicher faszinierend, kann aber auch ein bisschen für Nervenkitzel sorgen. Wenn zum Beispiel ein Hai oder – eigentlich viel gefährlicher – ein Schwarm Barrakudas auftaucht, dann heißt es, Ruhe bewahren. Nur keine hektischen Bewegungen. Eigentlich stehen Menschen nicht auf dem Speiseplan von irgendwelchen Fischen des Korallenriffs. Dort gibt es genug Nahrung für alle.

Das Anfassen und Abbrechen von Korallen ist übrigens streng verboten. Denn zum einen sind einige der Korallen (und auch Fische im Korallenriff) ziemlich giftig, zum anderen brauchen Korallen Jahrzehnte, manchmal sogar Jahrhunderte, um so groß zu werden. Wenn jede Touristin oder jeder Tourist sich eine besonders schöne Koralle abbrechen und mit nach Hause nehmen würde, dann gäbe es bald keine Korallenriffe mehr. Darum ist auch das Mitbringen von Korallen nach Deutschland streng verboten und kann sogar mit Gefängnis bestraft werden.

Wenn du nach ein paar Schnorchelgängen nicht mehr genug von der Unterwasserwelt bekommen kannst, dann folgt der nächste Schritt: das Tauchen mit der Sauerstoffflasche. So kannst du in Begleitung deiner Eltern und der Tauchlehrerin oder des Tauchlehrers in tiefere Regionen abtauchen und noch viel mehr Fische und Wasserschildkröten sehen. Aber das Tauchen in größere Tiefen will gelernt sein. Atmen, schwimmen und ruhig wieder auftauchen – all das muss vor dem Sprung ins Meer sitzen. Um tauchen zu dürfen, brauchst du daher einen Tauchschein, den du bei speziellen Tauchschulen oder bei der DLRG[1] machen kannst. Dafür fängst du im Schwimmbad oder am See mit kurzen Übungen an. Du merkst sehr schnell, ob dir das wirklich Spaß macht.

1 **DLRG** – Deutsche Lebens-Rettungs-Gesellschaft e. V., führt Schwimm- und Rettungsschwimmausbildungen durch: www.dlrg.de

- □ Wenn du einen Text nach dem ersten Lesen nicht ganz verstanden hast, lies ihn ein zweites Mal.
- □ Schau dir die **Bilder** an. Sie können dir beim Verstehen eines Textes helfen.
- □ **Unbekannte Wörter** kannst du auch aus dem Sinnzusammenhang erschließen.

TEXT Knacker

12 *Lies den Text. Schreibe in einem Satz auf, worum es in dem Text geht (das Thema).*

13 *Im Text sind einige Wörter farbig unterlegt.*
Erschließe ihre Bedeutung aus dem Zusammenhang und schreibe sie auf.
Tipp: Gelingt es dir nicht, die Wortbedeutung zu erschließen, schlage in einem Wörterbuch oder Lexikon nach.

faszinierend (Z. 3) = beeindruckend.

14 *W-Fragen an den Text helfen dir beim Textverständnis. Beantworte die folgenden W-Fragen.*

> **Schlüsselwörter** beantworten W-Fragen schnell.
> So findest du die Schlüsselwörter: Überfliege für jede W-Frage den Text neu mit den Augen.
> Suche Nomen, die zu dieser W-Frage passen.

Wer ist angesprochen? junge Menschen (du), die sich über das Hobby Tauchen informieren möchten

Was erfährst du über das Tauchen?

Wo taucht man am besten?

Wie lernst du tauchen?

Warum ist das Tauchen manchmal gefährlich?

15 *a) Unterteile den Text in Sinnabschnitte. Fasse diese am Rand neben dem Text kurz zusammen.*
b) Überlege dir eine Überschrift für den Text. Schreibe diese auf die Schreibzeile Seite 8 oben.

> Mit einem Argument begründet man eine Behauptung:
> Alle Menschen sollten tauchen, denn dann erkennen sie die schützenswerte Schönheit der Unterwasserwelt.

16 *Im Text wird erklärt, warum das Abbrechen von Korallen verboten ist.*
a) Unterteile die Sätze in Sinneinheiten.
Jede Sinneinheit ist ein Argument, welches das Verbot begründet.

Das Anfassen und Abbrechen von Korallen ist übrigens streng verboten. Denn zum einen sind einige der Korallen (und auch Fische im Korallenriff) ziemlich giftig, zum anderen brauchen Korallen Jahrzehnte, manchmal sogar Jahrhunderte, um so groß zu werden. Wenn jede Touristin oder jeder Tourist sich eine besonders schöne Koralle abbrechen und mit nach Hause nehmen würde, dann gäbe es bald keine Korallenriffe mehr. Darum ist auch das Mitbringen von Korallen nach Deutschland streng verboten und kann sogar mit Gefängnis bestraft werden.

b) Wie hängen die Argumente zusammen? Unterstreiche die Gelenkwörter (Konjunktionen), die sie verbinden.
c) Fasse die Argumente mit eigenen Worten zusammen. Schreibe in dein Heft.

17 *a) Fasse den Inhalt des Textes auf Seite 8 kurz zusammen. Schreibe in dein Heft.*
b) Was hast du Neues über die Freizeitbeschäftigungen Jugendlicher erfahren?
Ergänze die Mind-Map aus Aufgabe 1 auf Seite 4.

Lesen

Obwohl das Lesen eines Buches keinen der obersten Ränge bei der Befragung nach den beliebtesten Freizeitaktivitäten eingenommen hat, gibt es doch noch Jugendliche, die dem Lesen in ihrer Freizeit einen hohen Stellenwert beimessen.
Maximilian, Schüler der 7. Klasse, findet keine andere Beschäftigung abwechslungsreicher und spannender. Er hat viele Gründe, die für ihn das Lesen zu einem ausgesprochen tollen Zeitvertreib machen. So liest er, weil er das Gefühl, das sich beim Lesen einstellt, unbeschreiblich findet und weil er sich in die Figuren hineinversetzen will, um auch ihre Gefühle zu verstehen und Trauer, Freude und Unsicherheit nachempfinden zu können. Maximilian liebt es, in seiner Fantasie die Abenteuer mitzuerleben, die den Heldinnen und Helden in der Geschichte begegnen, wie zum Beispiel Meggy im Roman „Tintenherz“. Daneben schätzt er besonders die Chance, selbst Kreativität zu entwickeln. So stellt er sich die Figuren, die in dem Roman vorkommen, bildlich vor und gestaltet auch ihre Umgebung nach eigenen Ideen aus. Dabei passiert es Maximilian immer wieder, dass er von seinen Eltern gerufen wird und nichts mitbekommt, weil er vollkommen in ein Buch versunken ist.
Am liebsten liest Maximilian zu Hause in seinem Zimmer, in dem er es sich richtig gemütlich machen kann. Aber das Besondere an seinem Hobby ist, dass er überall lesen kann. So ist er mit seiner Familie, die seine Leidenschaft mit Büchergeschenken unterstützt, im letzten Urlaub nach Spanien gefahren. Die Fahrt mit dem Auto dauerte über 20 Stunden. Das war für Maximilian kein Problem, denn er hatte sich mit den Büchern von Cornelia Funke eingedeckt. Das Auto wurde während der Reise zu einem kuscheligen Ort, von dem aus Maximilian in fremde Bücherwelten abtauchen konnte. Auch im Bus und in der Bahn muss Maximilian sich nicht von seinen Büchern trennen.

18 *a) Lies den Text.*
b) Worum geht es? Antworte in einem vollständigen Satz.

____

____

____

Manchmal drückt sich der Autor oder die Autorin in einem Text sehr gewählt aus. Dann muss man **zweimal lesen**, um zu verstehen, was gemeint ist. Du kannst den Sinn des Gesagten meist aus dem Zusammenhang im Text erschließen.

19 *Notiere für jede der folgenden Wendungen mit eigenen Worten, was gemeint ist.*

A keinen der obersten Ränge bei der Befragung nach den beliebtesten Freizeitaktivitäten einnehmen (Zeile 1–8)

bedeutet: *eher unbeliebt sein*

B eine Beschäftigung abwechslungsreich und spannend finden (Zeile 18–21)

bedeutet: ________________________________

C einen hohen Stellenwert beimessen (Zeile 12–14)

bedeutet: ______________________________

D die Chance schätzen (Zeile 30–31)

bedeutet: ______________________________

E Kreativität entwickeln (Zeile 31)

bedeutet: ______________________________

F in die Figuren hineinversetzen (Zeile 24–25)

bedeutet: ______________________________

20 *a) Beantworte die folgenden W-Fragen.*
b) Stelle drei weitere W-Fragen an den Text und beantworte sie.

A **Wer** liest gern? ______________________________

B **Warum** ist das Lesen so toll? ______________________________

C *Wann* ______________________________

D ______________________________

E ______________________________

21 *a) Unterstreiche im Text die Schlüsselwörter.*
b) Gliedere den Text in drei Sinnabschnitte und finde passende Überschriften.

1. Sinnabschnitt Zeile 1 – : ______________________________

2. Sinnabschnitt Zeile – : ______________________________

3. Sinnabschnitt Zeile – : ______________________________

Nomen können durch **Relativsätze** näher erklärt werden, zum Beispiel:

„Obwohl das Lesen eines Buches …, gibt es doch noch *Jugendliche*, die dem Lesen in ihrer Freizeit einen hohen Stellenwert beimessen."

Relativsätze werden durch Relativpronomen (zum Beispiel „der", „die", „das", „was", „welche", „von denen" oder „in denen") eingeleitet. Wenn du den Inhalt nicht verstehst, suche das Nomen, auf das sich der Relativsatz bezieht.

TEXT Knacker

22 *a) Unterstreiche im Text auf Seite 10 alle Relativsätze.*
b) Umkreise jeweils das Nomen, auf das sich der Relativsatz bezieht.

23 *a) Fasse den Inhalt des Textes auf Seite 10 kurz zusammen.*
b) Was hast du Neues über die Freizeitbeschäftigungen Jugendlicher erfahren? Ergänze die Mind-Map aus Aufgabe 1 auf Seite 4.

Sich für die Umwelt engagieren

Max, Paul, Mervegül und Nadja engagieren sich für die Umwelt. Sie arbeiten in einem Greenteam und berichten über ihre Erfahrungen:

Bevor wir uns zur Gründung eines Greenteams entschlossen, informierten wir uns im Internet bei verschiedenen Umweltschutzorganisationen. Bei Greenpeace wurden wir fündig. Nachdem wir gemeinsam die Gründung eines Greenteams beschlossen hatten, zogen wir als Umweltdetektivinnen und Umweltdetektive los, informierten uns und waren über die Umweltsünden in anderen Ländern ziemlich geschockt. Wir setzten uns also in erster Linie für den Erhalt der Urwälder ein, indem wir vor Möbelhäusern mit Tropenholzmöbeln demonstrierten.
Weil wir uns zu Beginn oft auf Probleme in anderen Ländern stürzten, übersahen wir Umweltsünden vor Ort. Während wir uns zunehmend stärker einsetzten, entdeckten wir aber immer mehr Probleme direkt vor unserer Haustür. Für viele Menschen war und ist die Vermeidung von Müll zum Beispiel eine Aufgabe für unverbesserliche Sonderlinge. Sie werfen ihren Abfall einfach immer weiter sorglos fort und überlegen nicht, welche Folgen das für die Umwelt haben kann. Hier haben wir angesetzt und in den vergangenen Jahren verschiedene Aktionen, zum Beispiel zur Mülltrennung und Müllvermeidung, durchgeführt. Aber wir holten auch Informationen über die artgerechte Haltung von Tieren ein, machten in der Schule auf Probleme des Tierschutzes aufmerksam und sammelten Unterschriften für Gesetzesänderungen, die wir an Politikerinnen und Politiker schickten. Seitdem wir auch an die Öffentlichkeit gehen und in Tageszeitungen auf die Probleme aufmerksam machen können, sind wir mit unserer Arbeit sehr zufrieden.
Ehe wir eine neue Aktion starten, sammeln wir in mehreren Treffen erst einmal Ideen. Dafür nehmen wir uns viel Zeit, denn unsere Erfahrung zeigt nach zwei Jahren, dass wir nur gemeinsam etwas erreichen können. Wichtig ist nicht, dass jemand seine persönlichen Ideen umgesetzt bekommt, sondern dass alle in der Gruppe zufrieden mitarbeiten.
Nachdem wir festgestellt haben, dass auch in den umliegenden Städten Greenteams existieren, wollen wir versuchen, uns mit ihnen kurzzuschließen, um ein gemeinsames Projekt auf die Beine zu stellen, damit unsere Anliegen in der Öffentlichkeit bekannter werden.

24 *a) Lies den Text aufmerksam durch.*
b) Lies ein zweites Mal und bearbeite den Text wie in der Checkliste auf Seite 13 beschrieben (1. bis 4. Schritt).
c) Teile den Text in Sinnabschnitte und notiere deine Zwischenüberschriften.

1. Sinnabschnitt Zeile 1 – :

Bestimmte **Konjunktionen** machen zeitliche Verhältnisse deutlich. Solche temporalen (Tempus = Zeit) Konjunktionen sind: „nachdem“, „als“, „bevor“, „ehe“, „während“, „bis“, „sooft“, „solange“.
Nebensätze, die mit einer temporalen Konjunktion eingeleitet werden, heißen auch Temporalsätze.

25 *a) Lies den folgenden Satz.*

Bevor wir uns zur Gründung eines Greenteams entschlossen, informierten wir uns im Internet bei verschiedenen Umweltschutzorganisationen.

b) Hast du den Satz richtig verstanden? Kreuze an:

A ☐ Die Gründung des Greenteams fand vor der Internetsuche statt.
B ☐ Die Internetsuche fand gleichzeitig mit der Gründung statt.
C ☐ Die Gründung des Greenteams erfolgte nach der Suche im Internet.
D ☐ Die Gründung des Greenteams erfolgte spontan.

26 *a) Unterstreiche im Text auf Seite 12 alle Temporalsätze.*
b) Umkreise die Konjunktionen, die die Temporalsätze einleiten.
c) Trage diese Konjunktionen in die nachfolgende Tabelle ein.

vor dem Zeitpunkt des Gesagten **(Vorzeitigkeit)**	zum Zeitpunkt des Gesagten **(Gleichzeitigkeit)**	in der Zukunft **(Nachzeitigkeit)**
______	______	______
______	______	______

d) Eine Konjunktion ist nicht leicht einzuordnen. Welche ist dies? Begründe.

Die Konjunktion ______ ist nicht leicht in die Tabelle einzuordnen, weil ______

______

27 *a) Fasse den Inhalt des Textes auf Seite 12 kurz zusammen.*
b) Was hast du Neues über die Freizeitbeschäftigungen Jugendlicher erfahren?
Ergänze die Mind-Map aus Aufgabe 1 auf Seite 4.

✓ Checkliste: Textknacker TEXT für Sachtexte

☐ 1. Schritt: **Überfliege** den Text. Halte deinen ersten Eindruck fest: *Worum geht es in dem Text?*

☐ 2. Schritt: Kläre die **Bedeutung unbekannter Wörter**: Achte auf Fremdwörter und Fachwörter. Erschließe, wo möglich, die Bedeutung aus dem Textzusammenhang.
Tipp: Knacke schwierige Sätze. Teile sie in Sinneinheiten ein, prüfe die Konjunktionen und suche bei unklaren Relativsätzen das Nomen, auf das sich der Relativsatz bezieht.

☐ 3. Schritt: Stelle **W-Fragen** an den Text: *Wer? Was? Wann? Wo? Warum? Wie? Welche Folgen?*

☐ 4. Schritt: Lies ein zweites Mal und unterstreiche **Schlüsselwörter**.

☐ 5. Schritt: Gliedere den Text in **Sinnabschnitte**, finde **Zwischenüberschriften**: *Worum geht es im Abschnitt?*

☐ 6. Schritt: Fasse den Inhalt kurz zusammen. *Knappe Notizen.*

Erzähltexte lesen und verstehen

1 *Was weißt du über Eulen? Schreibe es auf.*

2 *Überfliege den folgenden Auszug aus einem Jugendbuch.*

Carl Hiaasen
Eulen

In dem Buch „Eulen" erzählt Carl Hiaasen über drei Jugendliche, die ein spannendes Abenteuer erleben. Roy Eberhardt ist gerade nach Florida[1] (USA) umgezogen. Es gefällt ihm dort nicht – das Land ist flach und heiß. Doch dann entdeckt Roy einen geheimnisvollen Jungen ohne Schuhe und schließt überraschend Freundschaft mit Beatrice, mit der er zunächst nur Streit hatte.

Den ganzen Morgen über spürte Roy einen Knoten im Magen. Irgendetwas musste passieren, und zwar etwas Entscheidendes – er konnte nicht den Rest des Schuljahres damit verbringen, sich vor Beatrice Leep zu verstecken.
Beim Mittagessen entdeckte Roy sie auf der anderen Seite der Cafeteria. Sie saß mit drei Mädchen aus ihrer Fußballmannschaft zusammen. Auch sie waren schlank und machten einen taffen Eindruck, aber so eindrucksvoll wie Beatrice war doch keine von ihnen.
Roy holte tief Luft, ging hinüber und setzte sich zu den Mädchen. Beatrice starrte ihn ungläubig an, während ihre Freundinnen ihn amüsiert betrachteten und weiteraßen.
„Hast du ein Problem?", wollte Beatrice wissen. In der einen Hand, auf halber Höhe zwischen Tablett und dem höhnisch grinsenden Mund, hielt sie ein Sandwich mit gegrilltem Schweinefleisch.
„Wenn hier einer ein Problem hat, dann wohl eher du." Roy lächelte, obwohl er nervös war. Beatrice' Fußballfreundinnen waren beeindruckt. Sie legten die Gabeln weg und warteten, was wohl als Nächstes kommen würde.
Roy holte tief Luft und legte los: „Beatrice, ich hab keine Ahnung, wieso du sauer bist wegen der Geschichte im Schulbus. Dich hat keiner gewürgt und dir hat auch keiner eins auf die Nase gegeben. Ich sag dir was, aber ich sag's nur einmal: Wenn ich dir irgendetwas getan hab, was dich geärgert hat, dann tut es mir leid. Es war keine Absicht."
Offensichtlich hatte noch nie jemand so offen mit Beatrice gesprochen, denn sie schien regelrecht unter Schock zu stehen. Ihr Sandwich schwebte weiter in der Luft, nur die Grillsoße tropfte langsam zwischen ihren Fingern herunter.
„Wie viel wiegst du?", fragte Roy ganz freundlich.
„Äh-w-was?", stotterte Beatrice.
„Na ja, ich wiege genau dreiundvierzig Kilo", sagte Roy, „und ich wette, du wiegst mindestens fünf Kilo mehr ..."

1 **Florida:** Bundesstaat im Südosten der USA, Florida grenzt an den Atlantik und an den Golf von Mexiko, ist extrem flach und heiß und besitzt weite Sumpflandschaften

Eine von Beatrice' Freundinnen kicherte und Beatrice blitzte sie wütend an.
„... das heißt, du könntest mich vermutlich locker den ganzen Tag lang durch die Cafeteria schubsen. Aber bewiesen wäre damit nichts, nicht das verdammteste kleine bisschen", fuhr Roy fort. „Wenn du das nächste Mal ein Problem hast, dann sag es mir gleich, dann setzen wir uns zusammen und reden darüber wie zivilisierte Menschen. Okay?"
„Zivilisiert", wiederholte Beatrice und starrte Roy über den Rand ihrer Brille an. Roys Augen machten einen kurzen Abstecher zu Beatrice' Hand, von der die Grillsoße mittlerweile in dicken Klumpen tropfte. Matschige Stückchen Brot und Fleisch traten zwischen den verkrampften Fingern hervor – Beatrice hatte ihr Sandwich so zerquetscht, dass es sich auflöste.
Eine der Fußballerinnen beugte sich zu Roy hinüber. „Hör mal, Großmaul, sieh zu, dass du hier verschwindest, aber ein bisschen dalli. Du bist total uncool."
Roy stand ganz ruhig auf. „Ist das klar, Beatrice? Und wenn du irgendein Problem hast, dann sagst du's mir am besten jetzt."
Beatrice ließ die Überreste ihres Sandwiches auf den Pappteller fallen und wischte sich ihre Hände an einem Stapel Papierservietten ab. Sie sagte kein Wort.
„Wie du willst." Roy lächelte betont freundlich. „Ich freue mich trotzdem, dass wir Gelegenheit hatten, uns ein bisschen besser kennen zu lernen."
Dann ging er wieder zurück auf die andere Seite der Cafeteria und setzte sich allein an seinen Tisch, um zu essen.

3 *Worum geht es in diesem Textabschnitt? Fasse kurz im Heft zusammen.*

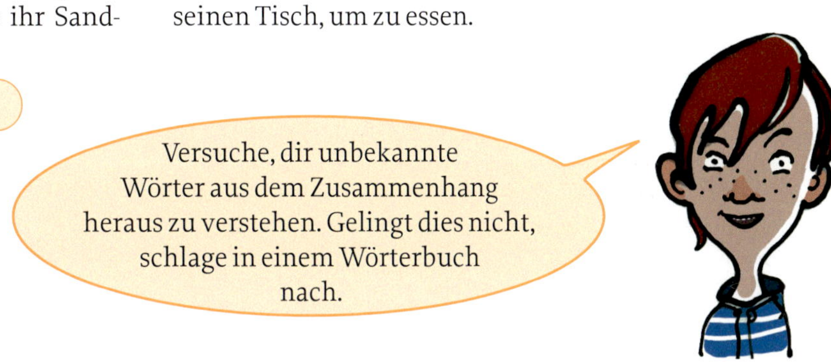

4 *a) Markiere dir unbekannte Wörter. Kläre ihre Bedeutung.*
b) Schreibe diese Wörter mit Zeilenangabe und Bedeutung auf.

einen taffen Eindruck (Zeile 13) = sie wirken durchsetzungsfähig, stark, selbstbewusst

5 *a) Beantworte die W-Fragen an den Text.*
b) Notiere zwei weitere W-Fragen und beantworte sie.

Wer trifft aufeinander? ___

Was geschieht? ___

Mit einem **Handlungspfeil** kannst du die Ereignisse der äußeren Handlung zeitlich geordnet darstellen.

6 *Was geschieht in der Cafeteria? Schreibe den Ablauf der Handlung im Handlungspfeil auf.*

Roy sieht Beatrice und geht zu ihrem Tisch.

Über die **Figuren** erfährst du etwas, weil ihr Verhalten dargestellt wird. Auch ihre Gedanken und Gefühle werden gezeigt (= innere Handlung).

7 *Wie verhält sich Roy?*

a) Unterstreiche die Textstellen blau, in denen Roys Verhalten deutlich wird.
Notiere am Rand, wie sein Verhalten auf dich wirkt.

b) Kreuze für jedes der folgenden Adjektive an, ob es Roys Verhalten richtig oder falsch wiedergibt.

	richtig	falsch		richtig	falsch
mutig	☐	☐	zurückhaltend	☐	☐
konfliktfähig	☐	☐	feige	☐	☐
entschlossen	☐	☐	direkt	☐	☐
unverschämt	☐	☐	ungewöhnlich	☐	☐

8 *Wie verhält sich Beatrice?*

a) Unterstreiche Textstellen, in denen du etwas über das Verhalten von Beatrice erfährst.

b) Die Gedanken von Beatrice zeigen sich in ihrem Verhalten.
Was geht in Beatrice vor? Schreibe ihre Gedanken in die Sprechblase.

9 *a) Lies den Textauszug ein zweites Mal. Gliedere den Text durch Striche in Sinnabschnitte.*

b) Finde Zwischenüberschriften und schreibe sie an den Rand neben dem Text.

10 *Fasse den Inhalt kurz zusammen. Schreibe in dein Heft.*

11 *Überfliege den folgenden Textauszug.*

Roy möchte dem geheimnisvollen Jungen ohne Schuhe gern seine Turnschuhe schenken. Er macht sich auf die Suche nach ihm. Beatrice fängt Roy ab. Sie sitzt auf seinem Rad und erzählt eine interessante Neuigkeit.

„Das ist mein Rad", sagte Roy.
„Stimmt."
„Kann ich's zurückhaben?"
„Vielleicht später", sagte sie. „Spring auf."
„Was?"
„Auf den Lenker, du Dösel. Setz dich drauf. Wir machen einen Ausflug."
Roy tat, was sie gesagt hatte. Er wollte sein Rad zurückhaben und dann nach Hause. Die zwei Jahre in der dünnen Luft von Montana[1], in denen er mit dem Rad ständig bergauf und bergab gefahren war, hatten aus Roy einen guten Radfahrer gemacht, aber Beatrice Leep war noch fitter. Selbst durch die tiefsten Pfützen radelte sie geschickt und mühelos, so als ob Roy gerade mal ein Fliegengewicht wäre. Er hockte unbequem auf dem Lenker und hielt den aufgeweichten Karton umklammert.
„Wo fahren wir eigentlich hin?", brüllte er.
„Klappe", antwortete Beatrice. [...]
An einem hohen Maschendrahtzaun hielt Beatrice an. Roy bemerkte, dass jemand mit einer Drahtschere ein Loch in den Zaun geschnitten hatte, sodass man den Draht auseinanderbiegen konnte. Roy sprang ab und zog an seinen Jeans, die ihm in die Poritze gekrochen waren.
Beatrice stellte das Rad ab und machte Roy ein Zeichen, er solle hinter ihr her durch den Zaun kriechen. [...]
Bald kamen sie zu einem alten, auf Zementblöcken aufgebockten Lieferwagen. Die verblassten roten Buchstaben auf der eingerissenen Plane waren kaum zu entziffern: JO-JOS EISSALON.
Beatrice kletterte in die Kabine und zog Roy hinter sich her. Durch einen schmalen Durchgang kamen sie in den hinteren Teil des Lieferwagens, der übersät war mit Kartons und Schachteln und Bergen von alter Kleidung. Roy bemerkte einen Schlafsack in der Ecke.
Als Beatrice die Tür hinter ihnen schloss, war es stockdunkel. Roy konnte nicht die Hand vor Augen sehen.
„Gib die Schachtel her!", hörte er Beatrice' Stimme.
„Nein", sagte Roy.
„Liegt dir was an deinen Vorderzähnen, Eberhardt?"
„Ich hab keine Angst vor dir", log Roy. [...]
Der grelle Schein einer Taschenlampe traf ihn voll in die Augen und Roy drehte den Kopf weg.
„Zum letzten Mal", sagte Beatrice drohend, „was hast du in dem Schuhkarton?"
„Schuhe", antwortete Roy.
„Haha!"
„Ehrlich."
Sie riss ihm die Schachtel aus den Händen, nahm den Deckel ab und leuchtete mit der Taschenlampe hinein.

1 **Montana:** Bundesstaat im Nordwesten der USA, sanfte Hügelketten und die Rocky Mountains prägen die Landschaft

„Ich hab's dir doch gesagt", meinte Roy. Beatrice schnaufte verächtlich. „Wozu schleppst du ein extra Paar Turnschuhe mit dir rum? Das ist doch echt beknackt, Cowgirl."

„Die sind nicht für mich, die Schuhe", sagte Roy. Sie waren fast brandneu, er hatte sie erst ein paar Mal getragen.

„Für wen sind sie dann?"

„Für einen Jungen, den ich kenne."

„Was für ein Junge?"

„Der, von dem ich dir in der Schule erzählt hab. Der neulich an deiner Bushaltestelle vorbeigerannt ist."

„Ach ja", sagte Beatrice spöttisch, „der, hinter dem du her warst, als du dich um deinen eigenen Kram kümmern solltest." Sie knipste die Taschenlampe aus und es war wieder stockdunkel.

„Na ja, ich hab ihn auch gefunden. Mehr oder weniger jedenfalls", sagte Roy.

„Du gibst wohl nie auf, was?"

„Mensch, der Junge braucht Schuhe. Der tritt sonst noch in Glasscherben oder rostige Nägel ... oder auf eine Wassermokassin[2]."

„Woher willst du wissen, ob der Junge überhaupt Schuhe will, Eberhardt? Vielleicht kann er ja ohne viel schneller rennen." [...]

„Ist ja egal", sagte Roy, „wenn er die Schuhe nicht will, dann behalte ich sie eben. Und wenn er sie will – also, passen müssten sie ihm. Er ist etwa so groß wie ich."[...]

„Ich sorge dafür, dass der barfüßige Junge diese Schuhe kriegt, aber nur unter der Bedingung, dass du versprichst, ihn in Ruhe zu lassen, und ihm nicht mehr hinterherspionierst."

„Du kennst ihn also doch!"

Beatrice riss Roy vom Boden hoch. „Ja", sagte sie, „ich kenne ihn. Er ist mein Bruder."

2 **Wassermokassin:** giftige Schlangenart

12 *Worum geht es in dem Text? Prüfe, ob du alles gut verstanden hast. Kreuze für jede Aussage an, ob sie zutrifft oder nicht.*

		trifft zu	trifft nicht zu
A	Roy trifft Beatrice und lässt sich von ihr zu einer Fahrradtour einladen.	☐	☐
B	Roy hat Turnschuhe bei sich, die er dem barfüßigen Jungen geben will.	☐	☐
C	Beatrice will unbedingt wissen, was Roy in dem Karton hat.	☐	☐
D	Roy erfährt, dass der barfüßige Junge der Bruder von Beatrice ist.	☐	☐
E	Beatrice will ihrem Bruder unbedingt die Schuhe übergeben.	☐	☐

13 *a) Stelle W-Fragen an den Text und beantworte sie im Heft.*
b) Trage die Handlung auf dem Handlungspfeil ein.

14 *a) Unterstreiche, was Beatrice sagt.*
b) Beschreibe die Sprache, in der Beatrice spricht: Umkreise drei passende Adjektive.

freundlich | umgangssprachlich | befehlend | fordernd
unnahbar | einschmeichelnd | höflich | entgegenkommend

15 *Wie wirkt Roy in diesem Auszug? Umkreise drei Adjektive.*

selbstbewusst | freundlich | feige | fordernd
gemein | abweisend | fürsorglich | verzweifelt
stolz | schüchtern | mutig | unerschrocken

16 *Lies den Textauszug ein zweites Mal und knacke schwierige Sätze.*
a) Lies den folgenden Satz.

Selbst durch die tiefsten Pfützen radelte sie geschickt und mühelos, so als ob Roy gerade mal ein Fliegengewicht wäre.

b) Notiere die Zeile, in der der Satz im Textauszug steht. ______

Textknacker: Achte auf **Konjunktionen** (Bindewörter). Sie schaffen einen logischen Sinnzusammenhang.

TEXT Knacker

c) Schreibe die Bedeutung des Satzes mit eigenen Worten auf.

______

______

Textknacker: Das **Prädikat** (die Personalform des Verbs) in einem Satz sagt aus, was geschieht oder getan wird. Besteht ein Satz aus mehreren Hauptsätzen oder aus Haupt- und Nebensatz, gibt es mehrere Prädikate.
Tipp: Manche Prädikate haben zwei Teile: *ich* ***bin gegangen***.

TEXT Knacker

17 *a) Unterstreiche im folgenden Satz die Prädikate.*
b) Notiere auf den Schreiblinien die Fragewörter, mit denen du die Zusammenhänge im Satz erfragen kannst: wer (oder was)?, wen (oder was)?, wem?
Tipp: *Die Fragewörter können in langen Sätzen mehrfach benötigt werden.*

Wer? ______ Wer? ______

______

______

„Ich sorge dafür, dass der barfüßige Junge diese Schuhe kriegt, aber nur unter der Bedingung, dass du versprichst, ihn in Ruhe zu lassen, und ihm nicht mehr hinterherspionierst."

18 *a) Gliedere den Text mit Strichen in Sinnabschnitte.*
b) Schreibe für diese Sinnabschnitte Zwischenüberschriften an den Rand.

19 *Fasse den Inhalt kurz zusammen. Schreibe ins Heft.*

20 *Überfliege den folgenden Textauszug.*

Roy hält sich an sein Versprechen, nicht hinter dem Jungen herzuspionieren. Kurze Zeit später begegnet er dem Bruder von Beatrice zufällig. Fischfinger, wie er genannt wird, berichtet Roy, dass er einem Umweltskandal auf der Spur ist. Auf einem bestimmten Grundstück haben kleine Kanincheneulen ihre Nester gegraben. Jetzt soll dort ein Pfannkuchen-Restaurant namens „Mama Paula" gebaut werden.

Fischfinger und Beatrice sahen ihn ganz nüchtern an. Roy schwirrten die Fragen nur so durch den Kopf. Die beiden mussten irgendwie von einem anderen Planeten kommen.

„Würde mir vielleicht mal einer von euch erklären", bat er, „was das alles mit Pfannkuchen zu tun hat? Vielleicht bin ich ja vernagelt, aber ich kapier's einfach nicht."

Der Junge grinste und rieb sich über den geschwollenen Arm. „Ganz einfach, Mann", sagte er. „Mama Paula darf hier nicht bauen, und zwar aus demselben Grund, weswegen hier keine miesen alten Rottweiler frei herumlaufen dürfen."

„Zeig ihm, wieso nicht", sagte Beatrice zu ihrem Stiefbruder.

„Okay. Gib mir mal das Hackfleisch."

Roy reichte ihm das Päckchen. Fischfinger pulte die Plastikfolie ab und fummelte eine Hand voll Hackfleisch heraus, das er sorgfältig zu sechs kugelrunden Fleischbällchen rollte.

„Komm mit", sagte er. „Aber sei möglichst leise."

Fischfinger führte Roy zu einem Loch in einem Grasflecken und legte zwei Hackfleischbällchen davor. Dann ging er zu einem anderen Loch auf der anderen Seite des Grundstücks, das ganz genauso aussah wie das erste, und legte auch dort zwei Bällchen hin. Dasselbe tat er an einem dritten Loch in einer entfernten Ecke des Grundstücks.

Während er in einen der dunklen Tunnel spähte, fragte Roy: „Was ist denn da unten?"

In Montana gruben nur Dachse und Streifenziesel solche Löcher in den Boden, und Roy war sich ziemlich sicher, dass es die in Florida nicht gab.

„Pscht!", sagte der Junge.

Roy ging hinter ihm her zum Bulldozer, wo Beatrice immer noch auf dem Schaufelblatt saß und ihre Brille putzte.

„Und?", fragte sie Roy.

„Was und?"

Fischfinger tippte ihm auf den Arm. „Horch!"

Roy hörte ein kurzes, hohes Ku-kuu. Dann noch eins, quer über den Platz hinweg. Beatrice' Stiefbruder stand leise auf, schlüpfte aus seinen neuen Turnschuhen und schlich vorwärts. Roy folgte ihm dicht auf den Fersen.

Trotz des Fiebers grinste der Junge, als er Roy ein Zeichen gab, stehen zu bleiben. „Da!"

Er zeigte auf den ersten Bau.

„Wow!", flüsterte Roy.

Direkt neben dem Loch stand, neugierig ein Fleischbällchen beäugend, die kleinste Eule, die er je gesehen hatte.

Fischfinger tippte ihm sanft auf die Schulter.

„Okay? Hast du's jetzt kapiert?"

„Ja", sagte Roy. „Alles klar."

21 *Worum geht es in dem Textauszug? Notiere in Stichworten.*

22 *Kläre die Bedeutung unbekannter Wörter. Schreibe sie an den Rand neben dem Text.*

23 *Beantworte die folgenden W-Fragen.*

Wer trifft aufeinander? ______

Wo treffen sie aufeinander? ______

Was geschieht? ______

24 *Trage die Handlung in den Handlungspfeil ein.*

Textknacker: Relativsätze erklären ein Bezugswort (Nomen) genauer.
Suche das Bezugswort zu dem Relativpronomen, es steht meistens kurz davor.
Dann verstehst du den Satz besser.

25 *Knacke schwierige Sätze.*
a) Lies den folgenden Relativsatz.
b) Umkreise das Relativpronomen und verbinde es mit einem Pfeil mit dem Bezugswort.

Fischfinger pulte die Plastikfolie ab und fummelte eine Hand voll Hackfleisch heraus, das er sorgfältig zu sechs kugelrunden Fleischbällchen rollte.

c) Suche im Text zwei weitere Relativsätze. Knacke sie auf dieselbe Weise.

Textknacker: Manchmal ist ein Satz inhaltlich verkürzt. Lies ihn genau, um den Sinn zu verstehen.
Tipp: Versuche, fehlende Teile zu ergänzen.

26 *Erkläre den folgenden Satz mit eigenen Worten.*

Vielleicht bin ich ja vernagelt, aber ich kapier's einfach nicht.

27 *a) Gliedere den Textauszug durch Striche in Sinnabschnitte.*
b) Schreibe Zwischenüberschriften neben die Sinnabschnitte.

28 *Fasse den Text kurz zusammen. Schreibe ins Heft.*

29 *Lies den folgenden Textauszug.*
Wende Schritt 1 bis 3 aus der Checkliste auf Seite 23 an.

Beatrice, Fischfinger und Roy sind gute Freunde geworden. Gemeinsam wollen sie die kleinen Eulen retten. In der Schule erklärt Roy seiner Klasse das Problem.

Willst du wissen,
ob die Kinder die Eulen retten können?
Lies das Buch von
Carl Hiaasen.

„Fast jeder isst gerne Pfannkuchen“, begann Roy, „ich auch. Und wie! Und als ich zum ersten Mal hörte, dass Mama Paula hier in Coconut Cove eine Filiale eröffnet, da fand ich das einfach cool.“
Mehrere Kinder nickten grinsend. Eines der Mädchen tat so, als wäre sie hungrig, und rieb sich den Magen.
„Auch als ich mitbekam, wo das Restaurant gebaut werden sollte [...], fand ich noch alles ganz in Ordnung“, sagte Roy. „Aber eines Tages hat mich ein Freund dahin mitgenommen und mir etwas gezeigt, und seitdem sehe ich die Sache total anders.“
Auf einmal war die Klasse ganz still. Noch nie hatten sie ihren neuen Mitschüler so viel reden hören.
„Was er mir gezeigt hat, war eine Eule“, fuhr Roy fort, „ungefähr so groß.“
Er zeigte zwischen zwei Fingern einen Abstand von etwa zwanzig Zentimetern. „Als wir noch in Montana gelebt haben, da habe ich ganz oft Eulen gesehen, aber nie so kleine. Und die hier war nicht mal ein Küken, sondern schon ausgewachsen! Sie schaute ganz starr und ernst drein, fast wie ein winziger Spielzeuglehrer.“
Die Klasse lachte.
„Sie heißen Kanincheneulen, weil sie tatsächlich unter der Erde leben“, erzählte Roy weiter, „und zwar in Erdlöchern, die von Schildkröten und Gürteltieren gegraben wurden. Und ein paar von diesen Eulenfamilien wohnen nun genau auf diesem Grundstück Ecke Woodbury und East Oriole. Sie haben ihre Nester in den Höhlen gebaut und ziehen da ihre Jungen groß.“
Einige von Roys Mitschülerinnen und Mitschülern rutschten unruhig auf ihren Stühlen herum. Manche fingen an, miteinander zu flüstern, andere schauten den Lehrer an.
Mr Ryan saß nachdenklich an seinem Pult und stützte das Kinn auf eine Hand.
„Roy“, sagte er sanft, „das ist sicher ein wunderbares Thema für Biologie oder auch für Sozialkunde, aber vielleicht nicht für unsere Diskussionsrunde über aktuelle Ereignisse.“
„Und ob das ein aktuelles Ereignis ist“, widersprach Roy. „Morgen Mittag um zwölf passiert es nämlich, Mr Ryan.“
„Was passiert da?“
„Sie fangen an, das Gelände zu planieren für das neue Pfannkuchenhaus. Das wird ein richtig großes Fest oder so was“, sagte Roy. „Die Frau, die im Fernsehen immer die Mama Paula spielt, kommt auch. Und der Bürgermeister. Steht in der Zeitung.“
Ein rothaariges Mädchen in der ersten Reihe hob die Hand. „Schreibt die Zeitung irgendwas über die Eulen?“
„Nein“, antwortete Roy, „nicht ein Wort.“
„Aber was passiert dann mit ihnen?“, rief ein sommersprossiger Junge von hinten.
„Das kann ich euch sagen.“ Roy schaute Mr Ryan an. „Diese Maschinen begraben sämtliche Erdlöcher unter sich und alles, was darin ist. [...] Die erwachsenen Eulen werden vielleicht versuchen wegzufliegen“, sagte Roy, „aber vielleicht bleiben sie auch in den Höhlen, weil sie ihre Jungen schützen wollen.“
„Aber dann sterben sie doch!“, rief der sommersprossige Junge.
„Wieso können diese Pfannkuchenleute das einfach machen?“, wollte ein anderer wissen.
„Ich weiß es nicht“, sagte Roy, „aber es ist gegen das Gesetz und es ist auch nicht richtig.“ [...]
„Morgen Mittag um zwölf“, fuhr Roy fort, „geh ich dahin, um ... na ja, ich will einfach, dass die Leute von Mama Paula wissen, dass es irgendjemanden gibt in Coconut Cove, dem diese Vögel nicht egal sind.“

30 *Roy will seine Klasse überzeugen.*

a) Was will Roy erreichen? Beschreibe sein Ziel mit eigenen Worten.

___

___

b) Wie geht er vor? Trage im Flussdiagramm rechts ein, was er der Klasse erzählt.

Roy will durch diese Schritte überzeugen:	Das erzählt er der Klasse:
Roy weckt das Interesse seiner Zuhörer. ↓	___ ↓
Roy stellt sein Thema vor. ↓	___ ↓
Roy ruft Betroffenheit hervor. ↓	___ ↓
Roy hat ein gutes Argument. ↓	___ ___ ↓
Roy appelliert an seine Klasse.	___ ___

c) Glaubst du, dass Roy seine Klasse überzeugen kann? Schreibe deine Meinung im Heft auf.

31 *Gliedere den Textauszug in Sinnabschnitte und schreibe Zwischenüberschriften für jeden Abschnitt daneben.*

32 *Fasse den Text zusammen. Schreibe ins Heft.*

✓ Checkliste: Textknacker für erzählende Texte

- ☐ 1. Schritt: **Überfliege** den Text. Halte deinen ersten Eindruck fest: *Worum geht es im Text?*
- ☐ 2. Schritt: Kläre die **Bedeutung unbekannter Wörter**. Achte auf Fremdwörter und umgangssprachliche Wörter. Schlage ihre Bedeutung im Wörterbuch nach oder erschließe sie aus dem Zusammenhang.
- ☐ 3. Schritt: Stelle Fragen an den Text: *Wer? Was? Wann? Wo? Warum? Wie? Welche Folgen?*
  - ☐ Zeichne einen Handlungspfeil und trage die Ereignisse der äußeren Handlung in der zeitlich richtigen Reihenfolge darauf ein: →
  - ☐ Über die Figuren erfährst du etwas, weil ihr Verhalten dargestellt wird, aber auch ihre Gedanken und Gefühle (= innere Handlung).
- ☐ 4. Schritt: Lies ein zweites Mal und **knacke schwierige Sätze**:
  - ☐ Untersuche die Satzstruktur. Suche nach den Prädikaten.
  - ☐ Mache dir den logischen Zusammenhang durch die Konjunktionen klar.
  - ☐ Ziehe bei langen Relativsätzen Pfeile vom Relativpronomen zum Bezugswort.
- ☐ 5. Schritt: Gliedere den Text in **Sinnabschnitte**, finde Zwischenüberschriften.
- ☐ 6. Schritt: **Fasse** den Text kurz **zusammen.**

Eine Person beschreiben

Casting-Show an der Astrid-Lindgren-Schule

Jana (Klasse 9) und Metin (Klasse 10) sind in der letzten Auswahlrunde der Casting-Show. Leider haben einige deiner Freunde die Show verpasst. Sie möchten von dir wissen, wie die beiden Favoriten bei ihrem Auftritt aussahen.

Personenbeschreibung:

Wichtig: Genau anschauen!
In sinnvoller Reihenfolge beschreiben.
Sprache ist **sachlich**, ohne Ausschmückungen.
Im **Präsens** schreiben.

1 *a) Schau dir Jana genau an.*
b) Beschreibe deinen ersten Eindruck.

Jana ist ____________________

Sie wirkt ____________________

2 *Eine Beschreibung beginnt mit einer* ***Einleitung****.*
a) Lies die einleitende Beschreibung zu Janas Gesamterscheinung.
b) Worüber gibt sie Auskunft? Fülle die Lücken im nachfolgenden Satz.

Das Mädchen ist zwischen 15 und 16 Jahre alt. Es ist groß und hat eine schlanke Figur.

Die Einleitung gibt Auskunft über das Geschlecht der Person, über ____________________ und ____________________.

3 *Schreibe nun den **Hauptteil** der Personenbeschreibung.*
a) Schau dir das Foto noch einmal genau an:
Konzentriere dich zunächst auf den Kopf.
b) Kreuze im folgenden Wortspeicher Ausdrücke an, die Janas Kopf besonders gut beschreiben.

☐ lockige Haare ☐ offener Blick ☐ lange Haare
☐ kantiges Gesicht ☐ abwesender Blick ☐ verkniffener Mund
☐ rundliches Gesicht ☐ eingefallene Wangen ☐ lächelnder Mund
☐ glattes Haar ☐ ovales Gesicht ☐ freundlich blickende Augen

4 *Füge in die folgende Beschreibung von Janas **Kopf** genau beschreibende Wörter ein.*
Tipp: Du kannst Ausdrücke aus Aufgabe 3 verwenden, musst aber weitere Wörter ergänzen.

Jana hat ______________________ , ______________ Haar, sie trägt es lang. Janas Gesicht ist ______________ . Ihre Augen blicken ______________________ . Sie lächelt breit und man sieht ______________ . Jana hat einen ______________ Blick.

Mit Adjektiven *(schön, lustig, lieblich)* und Partizipien *(abstehend, auffallend)* kannst du genau beschreiben. Achte darauf, dass sie gut passen.

5 *Vervollständige die Personenbeschreibung, indem du auf die **Kleidung** des Mädchens eingehst.*
Notiere in der nachfolgenden Übersicht Angaben zur Kleidung.
Verwende Adjektive und Partizipien sowie Nomen aus dem Wortspeicher und ergänze weitere.

knapp anliegend | eng | bunt | farbig | gestreift | locker
geringelt | fransiger Saum | Hut | farbenfroh | Cowboystiefel

Kleidung allgemein ______________________

Kopfbedeckung ______________________

Oberbekleidung ______________________

Rock/Strümpfe ______________________

Schuhe/Stiefel ______________________

Accessoires/modisches Zubehör ______________________

6 *In den Sätzen auf Seite 26 wird Janas Kleidung beschrieben.*
a) Die Sätze sind wenig abwechslungsreich, die Verben „haben" und „sein" werden zu häufig wiederholt.
Unterstreiche die Verben.
b) Schreibe die Sätze verbessert auf, indem du die Verben „haben" und „sein" durch die Wörter in Klammern ersetzt.
Tipp: Du musst bei manchen Sätzen den Satzbau verändern.

Janas Kleidung ist farbenfroh. (sich kleiden)

Sie hat einen einfarbigen Hut auf. (tragen)

Jana hat einen langärmligen, gestreiften Pullover und einen kurzen, einfarbigen Jeans-Rock an. (tragen)

Der Rock ist fransig. (am Saum mit Fransen versehen sein)

Auffällig sind die bunten Ringelstrümpfe von Jana. (passen zu)

An den Füßen hat sie Cowboystiefel an. (stecken in)

Das einzige Accessoire ist ein Gürtel, den Jana um die Taille hat. (tragen, liegen um)

7 *Schau dir das Foto von Metin genau an.*

8 *Formuliere die **Einleitung** der Personenbeschreibung von Metin.*
Tipp: Schau dir vorher noch einmal die Einleitung zu Janas Personenbeschreibung an: Seite 24, Aufgabe 2.

9 *Verfasse den **Hauptteil** und achte auf eine sinnvolle Reihenfolge.*
Im Folgenden findest du einige Formulierungshilfen.
Schreibe ins Heft.

Metin lächelt und zeigt einen fröhlichen Gesichtsausdruck.

Das Hemd fällt ...

Schwarze Koteletten begrenzen die Wangen.

Die Cargo-Hose sitzt Metin lässig auf ...

Sein Gesicht ist wohl geformt.

Seine Haare sind nicht zu sehen, da ...

Als Accessoire trägt er am linken Arm ...

An den Füßen trägt er ...

Er trägt ein weißes Hemd und ...

Unter den geschwungenen Augenbrauen sieht man freundliche Augen.

✓ Checkliste: Eine Person beschreiben

☐ 1. Schritt: Überlege, für welchen Anlass du die Person beschreibst.
Schau dir die Person **genau** an.
Notiere beim Anschauen, was du siehst.
Sammle auch genau beschreibende Adjektive und Partizipien.

☐ 2. Schritt: **Ordne** die gesammelten Informationen sinnvoll.
Gliedere deine Personenbeschreibung in
- **Einleitung**: Geschlecht, ungefähres Alter, Körperbau;
- **Hauptteil**: alle Informationen in einer sinnvollen Reihenfolge (am besten von oben nach unten).

☐ 3. Schritt: Schreibe **sachlich**, **vollständig** und **genau**.
- Verzichte auf persönliche Wertungen und Meinungen.
- Achte auf gut beschreibende Adjektive und Partizipien.
- Verwende abwechslungsreiche Verben.
- Schreibe im **Präsens**.

☐ 4. Schritt: Achte auf **Rechtschreibung** und **Zeichensetzung**.

Einen Leserbrief schreiben (Argumentieren)

1 *Lies den folgenden Zeitungsartikel.*

Ich bleibe hart!

Drei Kinder, ein Wunsch: „Papa, lass uns ins Internet!" Doch der Vater sagt „Nein".

von Heiner Evers

Wenn es ums Internet geht, bin ich ein sehr strenger Vater. Ich möchte nicht, dass meine Kinder regelmäßig ihre freie Zeit vor dem Computer verbringen. Aber es ist nicht immer leicht, bei meinem „Nein" zum Internet zu bleiben. „Es ist nicht fair! Alle dürfen ins Internet! Nur wir nicht!" Jeden Tag gibt es Streit.

Und es ist ja wahr: Alle Freundinnen und Freunde meiner Kinder haben einen Computer und dürfen ihn täglich nutzen. Computerspiele sind an der Tagesordnung. „Coole" Videoclips auf YouTube muss man gesehen haben. Und natürlich muss man unbedingt chatten und Mitglied in Online-Communitys werden. Meine Töchter wollen sich unbedingt bei einer dieser Communitys anmelden, weil ihre Freundinnen dort bereits Mitglieder sind.

Ich habe es ihnen nicht erlaubt.

Viele Eltern finden meist nichts dabei, wenn ihre Kinder zu Hause stundenlang vor dem Computer zubringen. Sie denken dann wohl, dass sie ihre Kinder so besser unter Kontrolle haben, als wenn ihre Kinder sich draußen austoben.

Ich glaube aber, dass die Kinder dann in Computerwelten flüchten und kontaktscheu werden. Wäre es nicht besser für die Kinder, statt in künstliche Welten in das wirkliche Leben einzutauchen und wirkliche Leute zu treffen? Ich denke ja, und deshalb bleibe ich bei meinem „Nein" zum Internet.

2 *Worum geht es in dem Zeitungsartikel?*
a) Halte deinen ersten Eindruck fest.

b) Gib die Begründung für die Meinung des Vaters mit eigenen Worten wieder.

3 *Jo ärgert sich über den Artikel von Heiner Evers.*
Er entwirft einen Leserbrief, den er an die Redaktion der Zeitung mailen will.
a) Lies die folgenden Teile von Jos Leserbrief.
b) Nummeriere sie in der richtigen Reihenfolge.

☐ A Jo Müller (14), Schüler, Neustadt

☐ B Zweitens noch eine Anmerkung zu Videoportalen wie z. B. YouTube: Ein solches Videoportal ist für junge Leute wirklich cooler als das Fernsehen, weil man private Beiträge einstellen kann.

☐ C Zunächst einmal zu den Computerspielen: Sie sind super, denn sie machen Spaß.

☐ D Und drittens möchte ich auch noch anmerken, dass ich nicht verstehe, warum Herr Evers ein Problem mit Online-Communitys hat. Ich finde, diese Communitys sind eine ganz tolle Möglichkeit, viele Kontakte zu knüpfen. Ich treffe auf SchülerVZ jedenfalls meine Freunde.

☐ E Man kann es mit seiner Ansicht aber auch übertreiben, und ich bin ganz und gar nicht der Meinung, dass das Internet jungen Leuten schadet. Ganz im Gegenteil.

☐ F Heiner Evers: Ich bleibe hart!

☐ G In seinem Artikel „Ich bleibe hart!“ schreibt Heiner Evers, dass das Internet für Kinder und Jugendliche schädlich sei.

☐ H Alles in allem muss ich aus meiner Sicht sagen, dass ich ohne Computer und Internet viel mehr Langeweile und weniger Kontakte hätte.

4 *Ordne die Teile des Leserbriefs aus Aufgabe 3 den folgenden Beschreibungen zu.*
Zu einigen Beschreibungen passen mehrere Nummern.

A **Betreffzeile**: Artikel, auf den man sich bezieht ________

B **Einleitung**: Nennung des Themas sowie der eigenen These (Behauptung) ________

C **Hauptteil**: Argumente und Beispiele ________

D **Schluss**: Zusammenfassende Darstellung der eigenen Position/Meinung ________

E Angabe von **Absender** (Name, Alter, Beruf/Tätigkeit, Wohnort) ________

5 *Lies die Textteile aus Aufgabe 3, Seite 29, unter folgender Aufgabenstellung ein zweites Mal:*
Jo bezieht sich in seiner Argumentation auf Computerspiele, Videoportale und Online-Communitys:
– Was behauptet er? (These)
– Wie begründet er seine Behauptung? (Argumente)
Fülle die Tabelle aus.

Um zu überzeugen, musst du gut argumentieren.
Eine Argumentation besteht aus einer **These** (Behauptung), die durch ein oder mehrere **Argument/e** begründet wird. Argumente kannst du durch **Beispiele** veranschaulichen.

Computerspiele:	These:	Computerspiele sind klasse.
	Argument:	Computerspiele machen Spaß.
Videoportale:	These:	______
	Argument:	______
Online-Communitys:	These:	______
	Argument:	______

6 *Jo ist überzeugt, dass das Internet keine Gefahren birgt.*
Arbeite seinen Leserbrief aus und versuche, seine Position überzeugend darzustellen.
a) Schreibe zu jedem der folgenden Argumente ein Beispiel auf.
Du kannst auf deine persönlichen Erfahrungen zurückgreifen.
b) Gewichte die Argumente: Das stärkste/überzeugendste Argument bekommt eine 1, das schwächste eine 8.

☐	kein schlechter Einfluss gewalttätiger PC-Spiele auf junge Leute	______
☐	Rückzug aus dem Leben und Verkümmern des Soziallebens durch häufiges Spielen am PC nicht zu beobachten	______
☐	Entspannung durch PC-Spiele	______
☐	Lernmöglichkeiten durch PC-Spiele	______
☐	aktive und kreative Mitgestaltung des Programms von YouTube	______
☐	klare Regeln schützen vor den Tücken der Online-Communitys	______
☐	Übung im Umgang mit dem Computer	______
☐	Computer als Bestandteil unserer Zeit	______

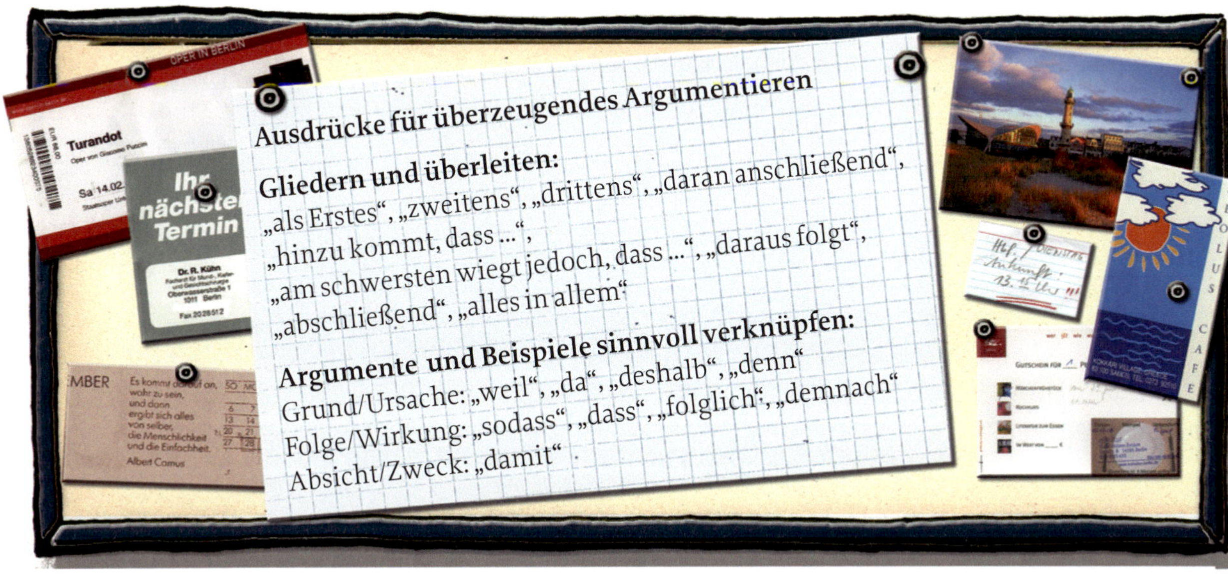

Ausdrücke für überzeugendes Argumentieren

Gliedern und überleiten:
„als Erstes“, „zweitens“, „drittens“, „daran anschließend“, „hinzu kommt, dass …“, „am schwersten wiegt jedoch, dass …“, „daraus folgt“, „abschließend“, „alles in allem“

Argumente und Beispiele sinnvoll verknüpfen:
Grund/Ursache: „weil“, „da“, „deshalb“, „denn“
Folge/Wirkung: „sodass“, „dass“, „folglich“, „demnach“
Absicht/Zweck: „damit“

7 a) *Wähle aus der Übersicht zu Aufgabe 6 die drei stärksten Argumente mit Beispielen aus und schreibe sie nacheinander auf die blauen Schreibzeilen.*
Tipp: Setze das überzeugendste Argument an den Schluss, also: 3 – 2 – 1.
b) *Notiere auf den roten Schreibzeilen daneben geeignete „Ausdrücke für überzeugendes Argumentieren“.*

8 *Fasse für den Schluss deine Position/Meinung kurz zusammen.*

9 *Verfasse mit Hilfe deiner Vorarbeiten auf den Seiten 29 bis 31 nun einen Leserbrief, der aussagt, dass du die Meinung von Heiner Evers ablehnst. Verwende den folgenden Textvordruck.*

Leserbrief

Betreffzeile ____________________

Einleitung ____________________

____

Hauptteil ____________________

____

____

____

____

____

____

Schluss ____________________

____

____

Name (Alter, Beruf/Tätigkeit, Wohnort) ____________________

✓ Checkliste: Einen Leserbrief schreiben

- ☐ 1. Schritt: Lies den Text genau, zu dem du einen Leserbrief schreiben möchtest.
- ☐ 2. Schritt: Kläre, **welche Position/Meinung** du vertreten willst. Formuliere eine **These** (Behauptung), die deine Meinung wiedergibt.
- ☐ 3. Schritt: Trage **Argumente** und **Beispiele** zusammen, die deine These stützen. Verknüpfe deine Argumente zu einem sinnvollen Text. Stelle das überzeugendste Argument an den Schluss.
- ☐ 4. Schritt: **Gliedere** deine Argumentation und berücksichtige alle Elemente eines Leserbriefes:
  - ☐ Betreffzeile: Text oder Anlass, auf den du dich beziehst,
  - ☐ Einleitung: Thema und eigene These (Behauptung),
  - ☐ Hauptteil: Argumente und Beispiele,
  - ☐ Schluss: in Kürze die eigene Position/Meinung,
  - ☐ Absender: Name, Alter, Beruf, Wohnort.
- ☐ 5. Schritt: **Überarbeite** deinen Leserbrief. Prüfe:
  - ☐ sinnvolle Verknüpfungen und Überleitungen,
  - ☐ Rechtschreibung und Zeichensetzung.

Einen Sachtext zusammenfassen (Inhaltsangabe 1)

1 *Überfliege den Text und verschaffe dir einen Überblick über den Inhalt: Worum geht es?*

Ulrich Baron
Piraten – vom wilden Leben der Seeräuber

❶ Das Goldene Zeitalter der Seeräuber begann im 16. Jahrhundert, nachdem die Spanier Amerika entdeckt und ihre Schiffe mit den Schätzen aus der Neuen Welt beladen hatten. An diesen Schätzen wollten nämlich auch andere teilhaben: Engländer, Niederländer und Franzosen rüsteten Schiffe aus, die Jagd auf spanische Frachtsegler machten. Manche der damaligen Seeräuber hatten sogar eine königliche Erlaubnis, ausländische Schiffe zu kapern, und nannten sich Freibeuter. Kaperbriefe oder auch „Stehlbriefe" hießen solche Lizenzen.

❷ 1577 brach Francis Drake zu einer der erfolgreichsten und berühmtesten Kaperfahrten auf. Sie dauerte drei Jahre und führte um die Südspitze Amerikas herum. Auf dem Weg nach Norden plünderte er Schiffe und Hafenstädte aus. Im März 1579 ging ihm ein spanisches Schiff in die Fänge, das so reich beladen war, dass man sich mit den wertvollsten Stücken begnügen musste. Trotzdem soll es sechs Tage gedauert haben, bis man Gold- und Silberbarren, Edelsteine und Gewürze umgeladen hatte. Als Drake im September 1580 nach England zurückkehrte, wurde seine Beute auf 500 000 Pfund geschätzt. Das wären heute über 100 Millionen Euro.

❸ Aber es gab einen Haken. Denn jetzt forderten die Leute ihren Anteil, die die Kaperfahrt finanziert hatten. Und der fiel weit

höher aus als der Lohn für die Kaperfahrer. Reiche Kaufleute und die englische Königin teilten ihn sich. Während Drake immerhin 10 000 Pfund erhielt, musste seine Mannschaft sich mit mageren 8 000 Pfund begnügen. Ohnehin wurden die besseren Teile der Beute oft schon vorzeitig beiseitegeschafft.

❹ Da war es doch besser, als Pirat ganz auf eigene Rechnung zu arbeiten. Kämpfen musste man sowieso, doch der Lohn war sehr viel höher. Man gab sich eigene Gesetze, und dazu zählte, dass Risiko und Beute gerecht geteilt wurden.

❺ Doch je größer die Beute war, desto größer fiel meistens das Risiko aus: Ein mit Dutzenden von Kanonen bewaffnetes Schatzschiff konnte einen Kaperfahrer samt Besatzung in Fetzen schießen. In der Karibik griffen Piraten deshalb mit flachbordigen Booten von hinten an. Dort standen am wenigsten Kanonen, und nach unten schießen konnten die schon gar nicht. Falls sich das Blatt dennoch wendete, konnte man rasch in seichte Gewässer entkommen. Eine ähnliche Überrumpelungstaktik benutzen auch die Piraten, die es heute immer noch gibt. Am Horn von Afrika und in der Straße von Malakka überfallen sie mit Schnellbooten schwach bemannte Frachtschiffe. 469 Überfälle wurden allein im Jahr 1999 gezählt – ein ernstes Problem für die Handelsschifffahrt in diesen Gegenden.

❻ „Ein glückliches und kurzes Leben", lautete die Parole der Seeräuber, die Toten-

kopf-Flagge wurde ihr Symbol. Es gab sie in vielen Versionen. Mal mit gekreuzten Knochen, mal mit Säbeln. Solche Flaggen sollten einschüchtern, die Gegenwehr lähmen. Beim berüchtigten Kapitän Schwarzbart war es gar ein ganzer Knochenmann, der mit einem Speer auf ein Herz zielte. Schwarzbart, der eigentlich Edward Teach hieß, war ein Meister der Einschüchterung. Er war ein Freibeuter, der sich selbstständig gemacht hatte. 1718 hatte er 300 Männer unter sich. War sein gewaltiger Vollbart schon beeindruckend, so dürfte sein Anblick atemberaubend gewesen sein, wenn er bis an die Zähne bewaffnet und mit brennenden Lunten im Haar aus dem Pulverdampf auftauchte. Kaum weniger schrecklich schien sein Kumpan Stede Bonnet, der Sohn eines Plantagenbesitzers auf Barbados. Man hielt ihn für wahnsinnig, weil er 1717 seine Familie, sein Unternehmen und sein Amt als Friedensrichter verlassen hatte, um Seeräuber zu werden.

7 Sicher ist, dass man als Pirat wie als Piratin selten alt wurde. Die meisten waren zwischen zwanzig und dreißig Jahre alt und kamen bald gewaltsam ums Leben. Die Ausnahme war ein Mann von 84 Jahren, der unter dem Kommando des Freibeuters Dampiers in Panama fiel.

8 Wer sich dem kurzen, glücklichen Piratenleben verschrieben hatte, dachte deshalb auch nicht daran, Schätze zu vergraben. Wer also Piratenschätze finden will, der sollte nicht auf Schatzinseln, sondern im Meer suchen. Dort, wo Piraten mitsamt ihrer Beute versunken sind, als ihnen ihr Glück am nächsten schien und ihr Leben zu Ende ging.

Den Text verstehen

2 *Lies den Text ein zweites Mal und gehe vor wie in der Checkliste auf Seite 13 in den Schritten 2 bis 5 beschrieben.*

3 *Fasse die Hauptaussage(n) eines jeden Abschnitts in Stichworten kurz zusammen. Die Zwischenüberschriften, die du notiert hast (Schritt 5), helfen dir dabei.*

Abschnitt 1: 16. Jahrhundert (1500–1600) = Goldenes Zeitalter der Seeräuber. Spanier raubten Amerika aus, Franzosen, Niederländer und Engländer die Spanier. Räuber = Freibeuter, königliche Erlaubnis (Kaperbrief)

Abschnitt 2: Francis Drake, Engländer, große Kaperfahrt 1577–1580,

Abschnitt 3: Geldgeber forderten Anteil,

Abschnitt 4:

Abschnitt 5: Überfälle gefährlich, Piraten bauten besondere Schiffe,

Abschnitt 6: *Berühmte Piraten waren*

Abschnitt 7: ______

Abschnitt 8: ______

Die Inhaltsangabe schreiben

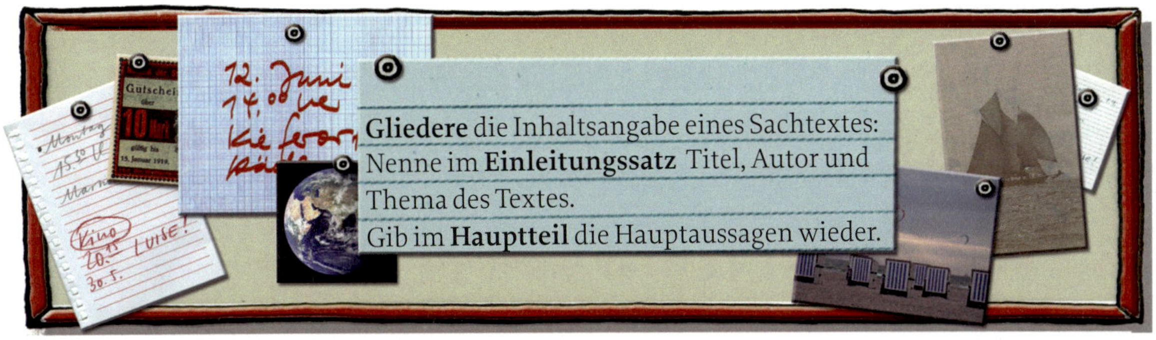

4 *Der folgende Einleitungssatz ist nicht gelungen: Er enthält nicht alle notwendigen Angaben. Verbessere den Satz und schreibe ihn auf.*

In dem Text „Vom wilden Seeräuberleben“ geht es um viele Abenteuer der Piraten.

______

5 *a) Lies die folgenden Ausführungen zum Hauptteil. Prüfe, ob nur Hauptinformationen wiedergegeben werden.*
b) Verkürze die Ausführungen zu den Abschnitten 2 und 3, falls es dir notwendig erscheint. Schreibe die gekürzte Fassung in die rechte Spalte. Formuliere sachlich, kurz und mit eigenen Worten.

1 Der Text beginnt mit einem Blick auf das Goldene Zeitalter der Seeräuber. Der Verfasser des Textes sagt, dass das Goldene Zeitalter der Seeräuber nach der Entdeckung Amerikas beginnt. Nachdem die Spanier Amerika entdeckt haben, bringen sie viele Schätze aus der Neuen Welt mit. An solche Schätze wollen jetzt auch andere Völker heran: Engländer, Niederländer und Franzosen. Sie wollen reich werden und machen deshalb Jagd auf spanische Frachtsegler, manchmal sogar mit königlicher Erlaubnis.

Nach der Entdeckung Amerikas und seiner Schätze beginnt das Goldene Zeitalter der Piraten. Um an die Schätze zu kommen, die die Spanier auf ihren Schiffen von Amerika nach Europa transportieren, beginnen die Piraten, diese Schiffe zu kapern. Manchmal haben sie dazu sogar eine Erlaubnis des Staates.

❷ Ulrich Baron schildert dann die Abenteuer des berühmten Engländers Francis Drake, von denen wohl jeder schon einmal gehört hat. Auf einer der erfolgreichsten und berühmtesten Kaperfahrten plündert Drake Hafenstädte und Schiffe aus. Im März 1579 macht Drake einen besonders großen Fang. Er kapert ein spanisches Schiff, das voll mit Gold und Silberbarren, Edelsteinen und Gewürzen ist. Drake jubelt. Als er 1580 wieder in England ist, wird die Beute geschätzt. Sie hätte heute einen Wert von über 100 Millionen Euro.

❸ Aber Drake und seine mutigen Männer können die Beute leider nicht für sich behalten, weil auch die englische Königin und ihre habgierigen Kaufleute ihren Reichtum vergrößern wollen. Die armen Kaperfahrer hingegen bekommen viel zu wenig Geld.

6 *Die folgende Zusammenfassung des Abschnitts 4 bleibt zu nah am Text. Verbessere den Text und schreibe ihn gekürzt mit eigenen Worten auf.*

❹ Die meisten Piraten denken sich, dass es besser ist, als Pirat ganz auf eigene Rechnung zu arbeiten. Schließlich muss man kämpfen und dafür hat man auch einen höheren Lohn verdient. Man gibt sich eigene Gesetze und dazu zählt, dass Risiko und Beute gerecht geteilt werden.

Für Piraten ist es

7 *Setze nun selbstständig die Zusammenfassung der Abschnitte 5, 6, 7 und 8 fort. Verwende dazu auch deine Notizen für Aufgabe 3. Schreibe in dein Heft.*

8 *Schreibe nach den Vorarbeiten und Übungen nun die vollständige Inhaltsangabe des Textes in dein Heft.*

✓ Checkliste: Einen Sachtext zusammenfassen (Inhaltsangabe)

- ☐ 1. Schritt: **Lies** den Text **sorgfältig** – siehe Schritt 1 bis 6 der Checkliste auf Seite 13.
- ☐ 2. Schritt: Schreibe den **Einleitungssatz:** *Autor/in, Titel, Thema (Kernaussage)?*
- ☐ 3. Schritt: Notiere die **Hauptaussagen** des Textes **in der richtigen Reihenfolge.**
- ☐ 4. Schritt: Schreibe den **Hauptteil.** Bringe die Hauptaussagen in einen zusammenhängenden Text: Schreibe **sachlich, kurz** und **mit eigenen Worten.** Verwende das **Präsens.**
- ☐ 5. Schritt: Überarbeite deinen Text: **Rechtschreibung** und **Zeichensetzung**?

Einen erzählenden Text zusammenfassen (Inhaltsangabe 2)

1 *Der folgende Text ist eine Kalendergeschichte. Überfliege den Text: Worum geht es? Halte deinen ersten Eindruck fest.*

Eine **Kalendergeschichte** ist kurz. Sie soll unterhalten. Sie enthält eine Lehre für richtiges Verhalten.

Johann Peter Hebel (1760–1826)
Das wohlfeile Mittagessen (1811)

Es ist ein altes Sprichwort: Wer andern eine Grube gräbt, fällt selber darein. – Aber der Löwenwirt in einem gewissen Städtlein war schon vorher darin. Zu diesem kam ein wohl gekleideter Gast. Kurz und trotzig verlangte er für sein Geld eine gute Fleischsuppe. Hierauf forderte er auch ein Stück Rindfleisch und ein Gemüs' für sein Geld. Der Wirt fragte ganz höflich: Ob ihm nicht auch ein Glas Wein beliebe? „O freilich ja!", erwiderte der Gast, „wenn ich etwas Gutes haben kann für mein Geld." Nachdem er sich alles wohl hatte schmecken lassen, zog er einen abgeschliffenen Sechser aus der Tasche und sagte: „Hier, Herr Wirt, ist mein Geld." Der Wirt sagte: „Was soll das heißen? Seid Ihr mir nicht einen Taler schuldig?" Der Gast erwiderte: „Ich habe für keinen Taler Speise von Euch verlangt, sondern für mein Geld. Mehr hab ich nicht. Habt Ihr mir zu viel dafür gegeben, so ist's Eure Schuld." – Dieser Einfall war eigentlich nicht weit her. Es gehörte nur Unverschämtheit dazu und ein unbekümmertes Gemüt, wie es am Ende ablaufen werde.

Aber das Beste kommt noch. „Ihr seid ein durchtriebener Schalk", erwiderte der Wirt, „und hättet wohl etwas anders verdient. Aber ich schenke Euch das Mittagessen und gebe hier noch ein Vierundzwanzigkreuzerstück dazu. Nur seid stille zur Sache und geht zu meinem Nachbarn, dem Bärenwirt, und macht es ihm ebenso!" Das sagte er, weil er mit seinem Nachbarn, dem Bärenwirt, aus Brotneid in Unfrieden lebte und einer dem andern jeglichen Tort und Schimpf gerne antat und erwiderte. Aber der schlaue Gast griff lächelnd mit der einen Hand nach dem angebotenen Geld, mit der andern vorsichtig nach der Türe, wünschte dem Wirt einen guten Abend und sagte: „Bei Eurem Nachbarn, dem Herrn Bärenwirt, bin ich schon gewesen, und ebender hat mich zu Euch geschickt und kein anderer."

So waren im Grunde beide hintergangen, und der Dritte hatte den Nutzen davon. Aber der listige Kunde hätte sich noch obendrein einen schönen Dank von beiden verdient, wenn sie eine gute Lehre daraus gezogen und sich miteinander ausgesöhnt hätten. Denn Frieden ernährt, aber Unfrieden verzehrt.

Den Text verstehen

2 *Johann Peter Hebel hat die Kalendergeschichten vor 200 Jahren geschrieben. Die Sprache ist manchmal etwas altertümlich.*
a) Lies die Geschichte ein zweites Mal und markiere dir unbekannte Wörter.
b) Kläre die Bedeutung der unbekannten Wörter und schreibe sie auf.

wohlfeile (Überschrift) = günstig, billig; wohl gekleideter (Zeile 5) = gut angezogen; ob ihm ... beliebe (Zeile 9/10) = ob er gern ... haben würde;

W-Fragen helfen, das Wichtigste über einen Text herauszufinden:

Tipp: Kalendergeschichten geben selten genaue Orts- und Zeitangaben. Versuche dennoch, diese zu erschließen. Einen Hinweis kann das Erscheinungsdatum geben.

3 *Unterstreiche die Stellen im Text, die die W-Fragen beantworten. Schreibe die Antworten in kurzen, vollständigen Sätzen auf.*

Wo spielt die Geschichte? Die Geschichte spielt in einem Gasthof in einer namenlosen deutschen Kleinstadt.

Wann spielt die Geschichte? Sie spielt im 19. Jahrhundert (Entstehungsdatum = 1811).

Wer ist am Geschehen beteiligt? ______

Was geschieht? Trage das Geschehen in den Handlungspfeil ein.

Ein Gast kommt zum Löwenwirt. → ______ → ______ → ______ → ______

Kalendergeschichten enthalten eine **Lehre**, die an die Leser gerichtet ist.
Eine solche Lehre nennt man auch die „Moral von der Geschichte".
Manchmal wird die Moral auch in einem **Sprichwort** zum Ausdruck gebracht.

4 *Im Folgenden findest du fünf bekannte Sprichwörter.*
Fünf Erklärungen in modernem Deutsch folgen.
Trage neben jedem Sprichwort die Nummer der richtigen Erklärung ein.

„Morgenstund hat Gold im Mund." ☐ „Die Sonne bringt es an den Tag." ☐

„Es ist nicht alles Gold, was glänzt." ☐ „Jeder ist seines Glückes Schmied." ☐

„Ein gebranntes Kind scheut das Feuer." ☐

1 Wer einmal einen Schaden erlitten hat, ist besonders vorsichtig.
2 Der äußere Schein kann manchmal trügen. Man erkennt erst beim genauen Hinsehen Mängel.
3 Jeder Mensch ist selbst dafür verantwortlich, was er aus seinem Leben macht.
4 Auf die Dauer kann man im Leben nichts verheimlichen und verbergen.
5 Der Morgen ist die beste Zeit, um eine Arbeit zu beginnen.

5 *Die Kalendergeschichte beginnt mit einem Sprichwort: „Wer andern eine Grube gräbt, fällt selber darein."*
Erkläre die Bedeutung dieses Sprichworts.

____

____

____

____

____

____

____

____

6 *Der letzte Abschnitt der Kalendergeschichte gibt die Moral der Geschichte wieder.*
Formuliere die Moral mit eigenen Worten.

____

____

____

____

7 *Die Frage „Warum?" beantwortet zugleich die Frage nach dem Thema (der Kernaussage) der Kalendergeschichte. Beachte Jos Tipp und ergänze die Antwort.*

Tipp: Kalendergeschichten werden erzählt, um die Leser/innen zu einem besseren Verhalten zu erziehen. Sie belehren.

Warum geschieht etwas? In der Geschichte zeigt Johann Peter Hebel, dass Neid und Missgunst zwischen zwei Menschen dazu führen können, dass

Der **Einleitungssatz umfasst:**
- ☐ Titel, Autor/in und Textsorte,
- ☐ falls möglich, Erscheinungsort und -zeit,
- ☐ das Thema (die Kernaussage) des Textes.

Die Zusammenfassung schreiben

8 *Die folgenden Einleitungssätze sind nicht richtig formuliert. Prüfe, ob sie vollständig sind. Geben sie das Thema der Kalendergeschichte zutreffend wieder? Schreibe in Stichworten auf, was verbessert werden könnte.*

In diesem Text geht es um einen Betrüger, der sich bei zwei Gastwirten satt isst.

Der Text handelt von zwei Wirten, die neidisch aufeinander sind und sich deshalb Schaden zufügen.

In seiner Kalendergeschichte „Das wohlfeile Mittagessen" zeigt Johann Peter Hebel, dass es für Dritte gut sein kann, wenn zwei sich streiten.

Die Inhaltsangabe schreiben

9 *Formuliere einen Einleitungssatz, der vollständig ist und das Thema treffend benennt.*
Du kannst deinen Satz folgendermaßen beginnen:

Die Kalendergeschichte „Das wohlfeile Mittagessen" von Johann Peter Hebel (erschienen 1811) zeigt,

Fasse im **Hauptteil** mit eigenen Worten die wichtigsten Informationen in der richtigen Reihenfolge zusammen: *Wer? Was? Wann? Wo? Warum?*
Berücksichtige den **Ort** und die **Zeit** der Handlung, die wichtigsten **Figuren** und die **Handlungsschritte in der richtigen Reihenfolge**.
Schreibe sachlich, kurz und mit eigenen Worten.

10 *Der folgende Textauszug leitet den Hauptteil einer Inhaltsangabe ein.*
Hier wurde nicht sachlich und kurz genug zusammengefasst.
a) Unterstreiche alle Formulierungen, die zu ausführlich oder nicht sachlich sind.
b) Schreibe die verbesserten Sätze auf.
c) Fasse anschließend alle Sätze kurz mit eigenen Worten zusammen.

A *Die Geschichte spielt zu Beginn des 19. Jahrhunderts in einer kleinen Stadt in Deutschland, die namenlos bleibt. Am Anfang der Geschichte betritt ein superreicher und frecher Gast das Wirtshaus des Löwenwirts in einem gewissen Städtlein.*

B *Da er einen megamäßigen Hunger hat, ordert er sofort eine gute Fleischsuppe für sein Geld.*

C *Doch damit nicht genug. Er will auch noch unbedingt Rindfleisch und Gemüse für sein Geld.*

D *Und weil er gern zum Essen einen guten Tropfen trinkt, bestellt er zu dem üppigen Essen auch noch einen riesigen Krug Wein.*

Zusammenfassung:

Wandle direkte Rede in **indirekte Rede** um.
Direkte Rede: *Der Gast sagte: „Hier, Herr Wirt, ist mein Geld."*
Indirekte Rede: *Der Gast sagt zum Wirt, hier sei sein Geld.*
Verwende dazu den Konjunktiv I.

11 *Im zweiten Abschnitt der Kalendergeschichte gibt es viel direkte Rede.*
Gib die folgende Textpassage möglichst treffend in der indirekten Rede wieder.

Z. 26–33: Aber das Beste kommt noch. „Ihr seid ein durchtriebener Schalk", erwiderte der Wirt, „und hättet wohl etwas anders verdient. Aber ich schenke Euch das Mittagessen und gebe hier noch ein Vierundzwanzigkreuzerstück dazu. Nur seid stille zur Sache und geht zu meinem Nachbarn, dem Bärenwirt, und macht es ihm ebenso!"

Aber das Beste kommt noch. Der Wirt erwidert, dass der Gast ein durchtriebener Schalk __________ und wohl etwas anderes verdient __________. Dann betonte er, er __________ dem Gast das Mittagessen trotzdem und __________ noch ein Vierundzwanzigkreuzerstück dazu. Weiterhin bittet der Wirt den Gast um dreierlei: erstens ______________________________, zweitens ______________________________ und drittens ______________________________.

Z. 37–45: Aber der schlaue Gast sagte: „Bei Eurem Nachbarn, dem Herrn Bärenwirt, bin ich schon gewesen, und ebender hat mich zu Euch geschickt und kein anderer."

Aber der schlaue Gast sagt, dass er ______________________________

____

____

____

Im folgenden Textauszug stehen die Verben nicht im Präsens.
Unterstreiche die Verben im falschen Tempus.
Schreibe den Text verbessert in dein Heft.

Nachdem der Gast sich geweigert hat, dem Löwenwirt den geforderten Taler zu zahlen, hat der Löwenwirt eine Idee. Er schenkte dem Gast das Mittagessen und sogar noch Geld dazu. Aber der Wirt stellte auch eine Forderung an den Gast. Nun erwies sich der Gast als sehr listig. Er nahm nämlich das Geld und ging zur Tür. Beim Herausgehen teilte er dem Löwenwirt noch mit, dass er zuvor schon beim Bärenwirt war. Deshalb hatte der betrogene Bärenwirt ihn zum Löwenwirt geschickt.

13 *Wenn du eine Kalendergeschichte zusammenfasst, muss im Schlussteil die Moral der Geschichte erklärt werden. Schreibe einen Schlussteil. Du kannst aus folgenden Formulierungshilfen auswählen.*

Johann Peter Hebel möchte mit der Kalendergeschichte ...

Wahrscheinlich beabsichtigt der Autor mit seiner Geschichte ...

Hebel möchte mit seiner Geschichte zeigen, was auch ein bekanntes Sprichwort ausdrückt: ...

14 *a) Fasse mit Hilfe der Vorarbeiten auf den Seiten 38–43 den Inhalt der Kalendergeschichte „Das wohlfeile Mittagessen" von Johann Peter Hebel zusammen. Schreibe in dein Heft.*
b) Überprüfe deine Inhaltsangabe anhand der nachfolgenden Checkliste.

✓ Checkliste: Einen erzählenden Text zusammenfassen (Inhaltsangabe)

☐ 1. Schritt: Lies den Text sorgfältig (Tipps zum Lesen: Checkliste auf Seite 23).
Zeichne einen Handlungspfeil und trage die Ereignisse der **Handlung in der zeitlich richtigen Reihenfolge** darauf ein: →
Gliedere den Text in Sinnabschnitte.

☐ 2. Schritt: Schreibe den **Einleitungssatz**:
- ☐ Titel, Autor/in und Textsorte,
- ☐ falls möglich, Erscheinungsort und -zeit,
- ☐ das Thema (Kernaussage) des Textes.

☐ 3. Schritt: Fasse im **Hauptteil** mit eigenen Worten die wichtigsten Informationen in der richtigen Reihenfolge zusammen: *Wo? Wann? Wer? Was? Warum?*
Schreibe sachlich, kurz und mit eigenen Worten.
Gib wörtliche Rede indirekt wieder.
Verwende das Präsens.

☐ 4. Schritt: Nimm im **Schlussteil** Stellung: Welche Aussage hat der Text?

☐ 5. Schritt: Überarbeite deinen Text: **Rechtschreibung** und **Zeichensetzung**?

Die Rechtschreib-Strategien: wiederholen und anwenden

Beim Schreiben der meisten deutschen Wörter ist jedem Laut ein Buchstabe zugeordnet. Deshalb heißt die wichtigste Rechtschreib-Strategie: Sprich deutlich in Silben mit.

1 *a) Lies das Gedicht von Christian Morgenstern genau und laut.*
Sprich Silbe für Silbe. Achte darauf, welche Laute und Buchstaben zusammengehören.
b) Schreibe den Text ab. Sprich in Silben mit.
Tipp: Sprich nicht schneller, als du schreibst.

Christian Morgenstern
Gruselett

Der Flügelflagel gaustert ______
durchs Wiruwaruwolz, ______
der rote Fingur plaustert ______
und grausig gutzt der Golz. ______

2 *a) Bitte zwei bis drei andere Personen, deine Eltern oder Freunde, das Gedicht laut zu lesen.*
b) Was hast du beim Lesen der Fantasiewörter bemerkt? Kreuze die richtige Antwort an.

- ☐ Die Fantasiewörter kann man nur erraten.
- ☐ Die Fantasiewörter kann man eigentlich gar nicht lesen.
- ☐ Die Fantasiewörter liest jeder anders.
- ☐ Die Fantasiewörter werden von allen gleich gelesen, wenn man deutlich in Silben liest.

3 *a) Schwinge die folgenden Wörter: Zeichne unter jede Silbe einen Silbenbogen.*
b) Markiere in jeder Silbe den Vokal. Manche Silben haben einen Doppellaut, der mit zwei Vokalen geschrieben wird.

Pa pa gei en le bens raum

Wintersternenbilder Schweineborstenbürsten
Sauerkrautsalat Geschwisterstreitereien

Die **Silbe** ist eine Sprecheinheit, in deren Zentrum ein Vokal steht. Jeder neue Vokal bedeutet eine neue Silbe.

4 *Schwingen hilft bei doppelten Konsonanten.*
Sprich laut und probiere aus: Was ser gra ben, *nicht* Wass er gra ben *oder* Wa sser gra ben.

Weinessig Klapperschlangen Doppelkonsonanten Butterbrote
Sommersonne Mitternacht Zitterpappel Wettervorhersage

5 **ck** *und* **tz** *sind besondere Doppelkonsonanten. Schwinge.*

Backenhörnchen Katzentatzen Zuckerzusätze
Leckerschmecker Dachdecker Matratzenritze

Achtung:
Man spricht bac ken, aber beim Schreiben trennt man: ba-cken.

Schwingen hilft, Silben zu unterscheiden.

sa, di, li – Silben können mit einem Vokal enden, dann sind sie **offen**,
fer, men, ger – Silben können mit einem Konsonanten enden, dann sind sie **geschlossen**.
Die Stelle zwischen zwei Silben heißt Silbengrenze.

6 *An der Silbengrenze hörst du, ob ein Konsonant verdoppelt wird oder nicht.*
a) Schwinge die folgenden Wörter.
b) Trage die Wörter passend in die nachfolgende Tabelle ein.
c) Umkreise Wörter mit unterschiedlichen Konsonanten an der Silbengrenze und unterstreiche Wörter mit verdoppeltem Konsonanten.

meiden	hinken	der Balken	die Meise	denken	die Roste
die Falken	wollen	der Flügel	die Farbe	weilen	schwimmen
zelten	reden	welken	zeichnen	der Sender	streben
gucken	halten	kleiden	klettern	klatschen	bleiben

erste Silbe offen	erste Silbe geschlossen

7 *Schwingen hilft, Fehler zu finden.*
a) Zeichne die Silbenbögen.
b) Markiere die Fehlerstelle mit dem Strategiezeichen.
c) Korrigiere das Wort.

VORSICHT FEHLER!

Schme ter lin ge – *Schmetterlinge*

Wintersallat – ______ Unterlipen – ______

Pirratenhutfeder – ______ Regnwasserfarbe – ______

Hundeschlitengespane – ______ Sauerkirchenbäume – ______

Federkernmatrtze – ______ Tuschezeichungen – ______

8 *Schwingen hilft, richtig zu schreiben. Kreuze für jede Aussage an, ob sie zutrifft oder nicht.*

Durch Schwingen entdeckt man ...	trifft zu	trifft nicht zu
A vertauschte Buchstaben.	☐	☐
B zu viele Buchstaben.	☐	☐
C fehlende Buchstaben.	☐	☐
D die richtige Großschreibung.	☐	☐

Strategiewissen: Ableiten

Ableiten heißt: Verwandte Wörter mit **a** und **au** suchen.
e und **ä** sowie **eu** und **äu** spricht man gleich. Bei **ä** und **äu** hilft das Ableiten!
Kannst du nicht ableiten, schreibe **e** oder **eu**.

1 *Bei einigen Buchstaben besteht Verwechslungsgefahr. Markiere sie.*

die Gerte – die Gärten, denn der Garten

die Scheune – die Schäume, denn ______

ernstlich – ängstlich, denn ______

die Leute – läuten, denn ______

2 *a) Im folgenden Wortgitter findest du 22 Wörter zum Ableiten. Markiere sie farbig.*

S	T	R	Ä	U	C	H	E	R	I	S	A	D	J	E	K
Z	Ä	U	N	E	G	X	Y	Ä	G	V	R	G	P	Q	Ä
Q	N	T	R	W	P	U	J	T	R	Ä	U	M	E	M	U
U	Z	Ä	H	N	E	N	C	S	Ä	X	H	O	K	T	Z
G	E	U	Ä	Ä	Ä	S	T	E	S	Ä	F	T	E	F	C
W	L	B	H	S	Q	Ä	W	L	E	X	Z	W	T	A	H
N	N	C	N	S	K	G	F	K	R	Ä	N	Z	E	G	E
M	J	H	E	E	Ü	L	K	I	Ö	P	Ä	Y	C	R	N
Z	S	E	W	Y	C	I	R	Ä	U	C	H	E	R	N	Y
Y	O	N	M	B	Y	C	G	W	G	Q	E	X	Q	K	L
S	B	K	B	M	R	H	Ä	S	S	L	I	C	H	W	Ä
A	U	F	R	Ä	U	M	E	N	B	R	B	Z	R	I	U
X	W	Ü	I	U	Q	W	Ä	P	X	Y	M	S	W	Y	T
E	J	O	C	S	F	V	E	R	S	Ä	U	M	E	N	E
T	L	G	B	E	K	B	Ö	M	Q	Ü	G	X	B	G	N

b) Erkläre die Schreibweise, indem du ableitest.
Achte auf die Großschreibung.
Schreibe in dein Heft.

Wörter mit **ä**: die Zähne – der Zahn, ______

Wörter mit **äu**: die Sträucher – der Strauch ______

3 *Suche verwandte Wörter mit **ä** oder **äu**.*

zahm – ______ blau – ______

warm – ______ rauben – ______

Schwarm – ______ laufen – ______

VORSICHT FEHLER!

4 *Markiere die Fehler mit dem Strategiezeichen und korrigiere.*

kemmen – ______ glenzen – ______ Erklerung – ______

heuten – ______ Reume – ______ Deumling – ______

Strategiewissen: Verlängern

Verlängern heißt:
eine Silbe anfügen. Verlängern kann
am Wortende sinnvoll sein
oder bei Einsilbern.

1 *a) Sprich die Wörter deutlich in Silben.*
b) Markiere die Stellen im Wort, an denen man Buchstaben nicht deutlich hört.
c) Finde Verlängerungswörter als Erklärung.

der Aben**d** – die Aben**d**e

der Verband – ________ der Gepard – ________ der Anzug – ________

der Gewinn – ________ der Zufall – ________ das Programm – ________

d) Markiere auch bei diesen Wörtern die möglicherweise unklaren Stellen und verlängere.

der Zu**g** – die Zü**g**e

der Herd – ________ die Burg – ________ das Band – ________

schnell – ________ komm – ________ hell – ________

e) Ergänze den Tipp, indem du deine Beobachtungen einträgst.

Tipp: Verlängern hilft bei unklaren Stellen am ________________ .

Verlängern hilft bei Wörtern mit ________________ *Silbe.*

2 *a) Schreibe die folgenden Wörter in dein Heft.*
b) Sprich beim Schreiben in Silben und schwinge.
c) Markiere schwierige Stellen, bei denen das Verlängern hilft, mit dem Strategiezeichen:

Hem**d** – die Hem**d**en

die Walze	der Tag	der Anfall	die Scheune	der Wind	der Zweig	das Kind
die Schule	der Mann	das Gebell	die Mutter	dünn	der Erfolg	dumm
lieb	schreien	das Geröll	die Leute	rund	schreibt	kommen
der Kuss	der Freund	der Stand	der Ausblick	der Verband	rufen	blöd
der König	nennen	der Zoll	der Honig	schwimmen	das Einrad	die Wolke

3 *Lege im Heft eine Tabelle an und trage die Wörter aus Aufgabe 2 ein:*
Bei welchen hilft das Schwingen, bei welchen das Verlängern?

schwingen	**verlängern**	
	Zweisilber	Einsilber
die Walze	*der Anfall – die Anfälle*	*der Tag – die Tage*

Welche Probleme löst man durch das Verlängern?

Das Verlängern hilft immer am Ende eines Wortes, wenn du nicht weißt, ob es
- mit d, g oder b,
- mit Doppelkonsonanten geschrieben wird.

Tipp: Suche bei Personalformen des Verbs die Grundform.

er sagt – sa gen, sie liebt – lie ben, er hasst – has sen.

4 *Lege im Heft eine Tabelle nach folgendem Muster an und trage die Wörter richtig ein.*

b am Wortende	d am Wortende	g am Wortende	Doppelkonsonant am Wortende
Dieb – die Diebe	Bad – baden	Krieg – Kriege	Zoll – verzollen

Zoll	Bad	Krieg	schwimmt	Dieb	Null	Rad
still	klirrt	Weg	siegt	Hieb	hofft	Wall
ragt	Brett	Damm	Gespann	Pfiff	klug	kennt
rund	Ball	fleißig	gesund	Kamm	hell	bellt
Zufall	knurrt	will	Wald	nennt	schlapp	platt
Sand	Band	rollt	Korb	Vertrag	Leib	Mann

5 *Lege eine Tabelle im Heft an und ordne die Verlängerungswörter aus Aufgabe 4 nach ihrer Wortart. Um bei der Wortartenbestimmung sicher zu werden, ordne auch die Verlängerungswörter aus Aufgabe 2 ein.*

An der Art, wie du verlängerst, kannst du auch die Wortart sicher erkennen.

der Berg – **die** Berge = Nomen
still – still**er als** = Adjektiv
Er rennt – rennen = Verb

Nomen	Verben	Adjektive
der Zoll – die Zölle	schwimmt – schwimmen	still – stiller als

6 *Trainiere das Verlängern. Es hilft dir, Fehler zu finden.*
Schwinge die Wörter. Markiere die Fehler mit dem Strategiezeichen und korrigiere sie.

VORSICHT FEHLER!

Der Bal flok knap am Tor vorbei. die Bäl le, ______

Sein Blik verfolkt ihn beim Abschiet. ______

Der Diep kamm mit der gestohlenen Ware nicht weit. ______

Strategiewissen: Merkwörter

Kurze Wörter:

- **Verlängern** hilft bei Einsilbern und Wörtern mit unklaren Auslauten.
- Wörter, die du nicht verlängern kannst, musst du dir **merken**.
- Wenn du unsicher bist, kannst du im **Wörterbuch** nachschlagen.

1 *a) Markiere bei den folgenden Wörtern die schwierigen Stellen.*
b) Prüfe, welche Wörter du verlängern kannst.
c) Setze das Strategiezeichen an die Merkwörter.
d) Lege in deinem Heft eine Merkwortliste an. Ordne die Merkwörter nach dem Alphabet.

M

ob	wenn	dann	darum	heraus	und
knapp	herein	wieso	denn	nirgends	ist
man	kurz	wer	bin	vielleicht	Tat
irgend	deshalb	stets	Zug	wann	ab
jetzt	bald	plötzlich	warum	trotzdem	aus

2 *Auch diese Wörter gehören zu den Merkwörtern, weil keine andere Strategie hilft.*
a) Markiere die schwierige Stelle im Wort mit dem Strategiezeichen.

die Achse	der See	die Büchse	der Teer	die Eidechse	der Luchs
das Moor	der Fuchs	wechseln	die Haxe	der Nachwuchs	die Lachse
das Meer	die Achsel	die Dachse	wachsen	kraxeln	der Ochse
sechs	der Schnee	die Hexe	der Tee	verwechseln	die Nixe

b) Ordne nach gemeinsamen Merkmalen.

Wörter mit x: ____________________

Wörter mit chs: ____________________

____

Wörter mit Doppelvokalen: ____________________

3 *a) Schlage die folgenden Wörter im Wörterbuch nach.*
*Du findest sie unter **v** oder **w**.*
b) Trage den fehlenden Buchstaben ein.

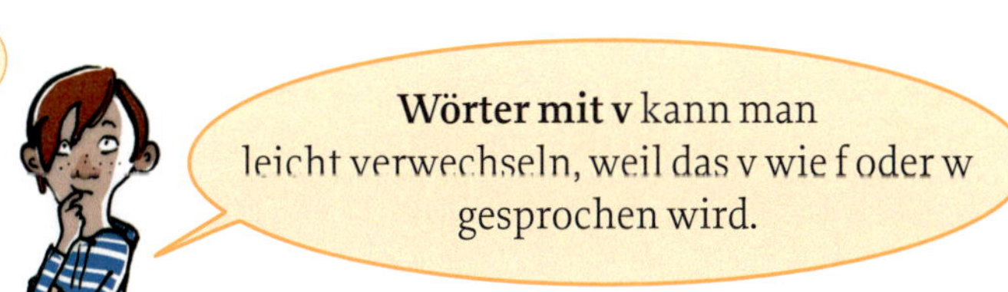

__aseline	__ase	__ulkan	__rack	__olt	__okabel
__orkshop	__ioline	__itamine	__atikan	__uchs	__itwe
__iren	__illa	__ivaldi	__ietnam	__iktoria	__ideotext
__egetation	__enezuela	__isent	__ogel	__olk	__iper

ver- und **vor**- solltest du unbedingt kennen,
weil mit ihnen viele Wörter gebildet werden.
Man setzt sie zum Beispiel vor: *arbeiten, fahren, denken, merken ...*

4 *a) Lege im Heft eine Tabelle nach folgendem Muster an.*
b) Ergänze so viele Wörter wie möglich mit ver- oder vor-. Schlage im Wörterbuch nach.

Wörter mit ver-	Wörter mit vor-
verboten, der Verlust, ...	*vorsehen, die Vorboten, ...*

5 *Viele Wörter mit **h** musst du dir ebenfalls merken.*
*a) Wenn du sehr deutlich sprichst, kannst du in einigen Wörtern das **h** hören, z. B.* dre hen, ge hen
Untersuche die Wörter an der Silbengrenze und kreuze die richtige Antwort an an:

A ☐ Das **h** gehört zur ersten Silbe. B ☐ Das **h** gehört zur zweiten Silbe.

*b) Bei anderen Wörtern hörst du das **h** nicht:* füh len, boh ren.
Sie sind echte Merkwörter.
Untersuche die Wörter an der Silbengrenze und kreuze die richtige Antwort an an:

A ☐ Das **h** gehört zur ersten Silbe. B ☐ Das **h** gehört zur zweiten Silbe.

6 *a) Schwinge die Wörter.*
b) Markiere die echten Merkwörter mit dem Strategiezeichen.

die Zahlen	ähneln	gehen	fahren	während	führen
drehen	fühlen	gähnen	stehen	bohren	lehren
nehmen	ahnen	wehen	der Fehler	das Geheimnis	sehnen
ohne	die Mühle	die Wahlen	die Fähre	die Nahrung	drohen

c) Lege für die echten Merkwörter eine Tabelle im Heft an und ordne sie ein.

ah/äh	eh	oh/öh	uh/üh
...	...	...	...

Wörter, bei denen das **h** durch Verlängern hörbar wird, gehören nicht zu den echten Merkwörtern.

der Zeh – die Ze hen   der Zahn – die Zäh ne (M)

d) Prüfe durch Verlängern.
Markiere die echten Merkwörter mit dem Strategiezeichen und ordne auch sie in die Tabelle im Heft ein.

hohl – ______ geht – ______ das Ohr – ______ die Bahn – ______

sehr – ______ näht – ______ wohl – ______ kahl – ______

Strategiewissen: Zerlegen

Auch bei zusammengesetzten Wörtern kannst du die Rechtschreib-Strategien sicher anwenden. Dazu musst du die Grenze zwischen den Wörtern finden.

1 *Bei diesen Wörtern genügt das Schwingen.*

der Feb ru ar | mor gen – *der Februar, der Morgen*

die Osterhasen – __________

der Schokoladennikolaus – __________

der Amselschnabel – __________

Tipp: Das Wort am Schluss trägt die Hauptbedeutung des Wortes:
Februarmorgen = der Morgen im Februar.

2 *Zerlege auch diese Wörter.*
Markiere die Problemstellen mit dem Verlängerungssymbol.

der Montag | abend – *die Montage, die Abende*

die Wüstenrennmaus – __________

der Klebstoffrest – __________

der Wollpullover – __________

die Sandburg – __________

der Weihnachtsmann – __________

3 *Zerlege diese Wörter und markiere unklare Stellen, an denen du verlängern musst.*

Wildganswinterquartier	Handtuchhalter	Kammmolch	Bananenschale
Gartenzwergmütze	Kamelkarawane	Mofareparatur	Treibnetzfang
Schaufensterpuppe	Bergwanderschuh	Trittsicherheit	Gelbbauchunken
Blinddarmoperation	Schubladenknopf	Nummernschild	Sandkastenfreund
Seidenraupenkokon	Schleudertrauma	Klappradlenker	Raubvogelgehege

4 *Lege im Heft eine Tabelle an und ordne die Wörter aus Aufgabe 3 ein.*

Wörter, die man schwingen kann	Wörter, die man zusätzlich verlängern muss
Bananen | schale	*Wild | gans | winter | quartier – wilder als, die Gänse*

Manche Wörter haben Vorsilben, Nachsilben oder Vor- und Nachsilben.
Trennt man sie ab, findet man versteckte Verlängerungsstellen.

Vorsilben:
verpackt – *packen* versteckt – *stecken*
das Gebell – *bellen* geliebt – *lieben*

Nachsilben:
freundlich – *die Freunde* die Mannschaft – *die Männer*
das Täubchen – *die Taube* die Handlung – *handeln*

Vor- und Nachsilben:
die Bekanntschaft – *kennen* das Erlebnis – *leben*
bekanntlich – *kennen* unkündbar – *kündigen*

5 *Untersuche diese Wörter. Zerlege sie und verlängere dann Problemstellen.*

sinn | los – *sinnen* verwundbar – ______
kindlich – ______ die Kindheit – ______
freundlich – ______ die Unfreundlichkeit – ______

ent oder end?

Ent- ist eine häufig gebrauchte Vorsilbe.
End- ist die verkürzte Form von „Ende“ und behält auch diese Bedeutung.
entdecken, Entdeckung, aber End | station – Station am Ende

6 *Trage ein: **end-** oder **ent-**?*

En__verbraucher	En__lauf	en__rümpeln	en__lich	En__moräne
En__ausscheidung	En__spurt	En__lagerung	en__fernen	en__los
En__kontrolle	unen__lich	En__runde	en__gültig	en__stauben

7 *Vorsicht, Fehler!*
Finde sie durch Zerlegen, wende sinnvolle Strategien an und schreibe die Wörter richtig auf.

VORSICHT FEHLER!

Verschluskappe – ______ Renwagen – ______
Programzeitung – ______ Bussartfeder – ______
Schlusstrich – ______ Klepstofentfernung – ______

Alle Rechtschreib-Strategien anwenden

1 *Lies das Gedicht.*

Michael Ende

Schreckliche Folgen der Zerstreutheit

Es war einmal eine ziemlich lange
und sehr zerstreute Brillenschlange.
Vor allem war sie – das ist wichtig –
ganz ungewöhnlich stark kurzsichtig.
Als sie mal wieder (was häufig geschah)
ihre Brille hatte vergessen
(die sie ohne Brille natürlich nicht sah),
wollte sie trotzdem zu Abend essen.
Sie suchte herum, ob sie etwas fände,
und sie fand auch was: ihr anderes Ende!
Sie begann's zu verschlingen ganz ungehemmt;
es schmeckte ihr delikat[1] – wenn auch fremd.
In der Mitte wurde ihr irgendwie
so sonderbar wie zuvor noch nie,
doch weil sie nun schon mal dabei war, machte sie
sich über den eigenen Kopf auch noch her.
„Heut Abend wird's aber früh dunkel", dachte sie,
bald danach dachte sie gar nichts mehr.
Erst zum Schluss erwies es sich als vergeblich,
auch die eigenen Zähne noch abzunagen,
und dann blieb ihr nichts mehr übrig (buchstäblich),
als den Verlust ihrer selbst zu beklagen.

1 **delikat:** außergewöhnlich gut

2 *Schwinge den Text und markiere Wörter, bei denen du weitere Strategien anwenden musst, mit dem entsprechenden Strategiezeichen.*

Zum Abstreichen:
Diese Strategiezeichen solltest du mindestens unterbringen:

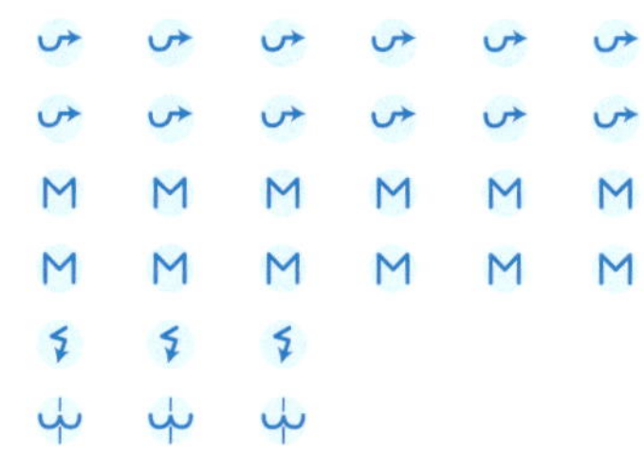

3 *Lege eine Tabelle im Heft an. Trage einige der gefundenen Wörter in die Tabelle ein.*

schrecklich	ziemlich	Zerstreutheit	schreck lich

4 *In dem Gedicht findest du Wörter, in denen das **i** als **ih** geschrieben wird.*

Schreibe diese Merkwörter auf: ____________________

Mit Strategien Regeln finden

Um Regeln zu finden, musst du Zweisilber deutlich in Silben sprechen (schwingen, siehe Seite 44). Um sie sicher anzuwenden, brauchst du auch die Strategien **Verlängern** und **Zerlegen**.

Wann werden Konsonanten verdoppelt?

1 *Untersuche die folgenden Wörter an der Silbengrenze. Ordne sie in die Tabelle ein.*

die Rose die Pumpe das Wesen die Welten halten die Hüte greifen

erste Silbe offen	erste Silbe geschlossen

2 *Ordne jetzt diese Wörter in die richtige Spalte der Tabelle oben ein.*

die Knolle, die Sonne, bummeln

Damit hast du eine Regel zur Verdopplung von Konsonanten gefunden:

Regel 1: Verdoppelt wird **nicht**, wenn die erste Silbe ______________________ ist.

Verdoppelt wird nur bei Wörtern, bei denen die erste Silbe ______________________ ist.

3 *Nicht immer wird der Konsonant verdoppelt. Schwinge die folgenden Wörter und untersuche die Silbengrenze.*

hopsen zelten
helfen die Formel

Ergebnis – kreuze an:

- ☐ Die erste Silbe ist offen.
- ☐ Die erste Silbe ist geschlossen.

An der Silbengrenze stehen

- ☐ zwei verschiedene Konsonanten.
- ☐ zwei gleiche Konsonanten.

der Mop pel die Wellen
zappeln die Halle

Ergebnis – kreuze an:

- ☐ Die erste Silbe ist offen.
- ☐ Die erste Silbe ist geschlossen.

An der Silbengrenze stehen

- ☐ zwei verschiedene Konsonanten.
- ☐ zwei gleiche Konsonanten.

Regel 2: Wenn die erste Silbe geschlossen ist, stehen an der Silbengrenze

entweder zwei ______________________ oder zwei ______________________ Konsonanten.

4 *Prüfe diese Regel. Lege in deinem Heft eine Tabelle an und suche für jede Spalte zehn passende Wörter.*

zwei verschiedene Konsonanten	zwei gleiche Konsonanten/Doppelkonsonant
...	...

Bei Einsilbern kannst du die Regeln zur Konsonantenverdopplung nicht sicher anwenden. Du musst sie zuerst verlängern.

5 *Verlängere die Wörter und ordne die zweisilbigen Wörter richtig in die Tabelle ein.*

der Schwamm | der Wald | klar | der Knall | der Film

grün | alt | der Mann | klein

erste Silbe offen	erste Silbe geschlossen	
	zwei verschiedene Konsonanten	zwei gleiche Konsonanten

6 *Besonderheiten bei Verben im Präteritum. Suche die Grundform (Infinitiv).*

te ist ein Baustein, der bei der Personalform des Verbs das Präteritum (Vergangenheit) anzeigt.

die Kan te aber er kannte – kennen

er kannte – kennen

er wollte – ______

es klappte – ______

er konnte – ______

er sollte – ______

er musste – ______

Hier bildest du beim Verlängern den **Infinitiv** (Grundform).

Diese Verben werden anders gebildet.

er schnitt – wir schnitten

er ritt – ______

er glitt – ______

Hier bildest du beim Verlängern eine **Pluralform** des Verbs.

Vorsicht: Schwinge genau!

wir kom men – er kam – wir ka men

wir bit ten – er bat – wir ba ten

7 *Zusammengesetzte Wörter musst du zerlegen.*

Schmuck | kästchen – schmüc ken, der Kas ten

Schreckgespenst – ______ Kammmolchmännchen – ______

Trittsicherheit – ______ Bücherrucksack – ______

8 *Finde den Fehler durch Zerlegen und schreibe die Wörter richtig auf.*

VORSICHT FEHLER!

Bremmsklotz – ______ Brennessel – ______

s, ss oder ß?

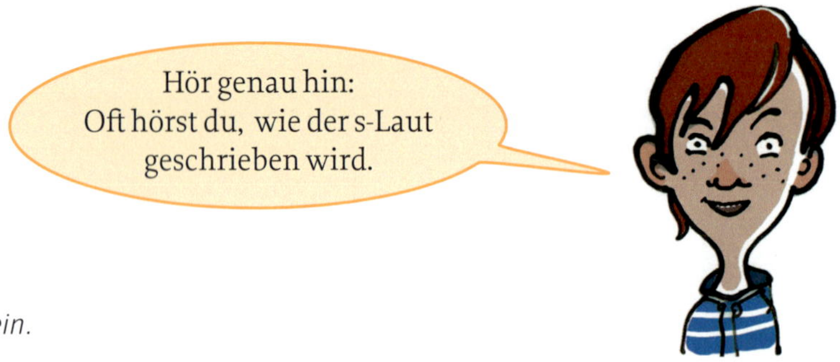

1 *Finde die Regel. Gehe so vor:*
a) Schwinge die Wörter.
b) Sortiere die Wörter in die Tabelle ein.
c) Untersuche an der Silbengrenze.
d) Finde Gemeinsamkeiten und Unterschiede. Kreuze an.

die Tasse   die Rose   die Größe   passen   die Grüße   fressen   heißen
das Messer   die Reise   die Pässe   die Weise   draußen

Wörter mit s	Wörter mit ß	Wörter mit ss
☐ Die erste Silbe ist offen.	☐ Die erste Silbe ist offen.	☐ Die erste Silbe ist offen.
☐ Die erste Silbe ist geschlossen.	☐ Die erste Silbe ist geschlossen.	☐ Die erste Silbe ist geschlossen.

2 *s oder ß? Gehe so vor:*
a) Schwinge die Wörter. Untersuche sie an der Silbengrenze.
b) Finde die Gemeinsamkeit und den Unterschied. Kreuze an.

Wörter mit s	Wörter mit ß
die Meise, der Kreisel, der Besen, leise, die Masern, das Wesen	die Straße, fließen, die Flöße, reißen, weißer, heißen
Gemeinsamkeit:	Gemeinsamkeit:
☐ Die erste Silbe ist offen.	☐ Die erste Silbe ist offen.
☐ Die erste Silbe ist geschlossen.	☐ Die erste Silbe ist geschlossen.
Unterschied:	Unterschied:
☐ Das **s** wird stimmhaft (summend) gesprochen.	☐ Das **s** wird stimmhaft (summend) gesprochen.
☐ Das **s** wird stimmlos (zischend) gesprochen.	☐ Das **s** wird stimmlos (zischend) gesprochen.

3 *Setze ein: **s** oder **ß**?*

der Be___en   au___en   die Spie___e   die Sträu___e   flei___ig

die Lo___e   die Klö___e   die Va___e   mä___ig   die Grä___er

4 *ß oder **ss**? Gehe so vor:*
a) Schwinge die Wörter. Untersuche an der Silbengrenze.
b) Finde die Gemeinsamkeit und den Unterschied. Kreuze an.

fraßen außen spaßen fleißig
rußen beißen reißen schließen

Gemeinsamkeit:

☐ Das **ß** wird stimmlos (zischend) gesprochen.
☐ Das **ß** wird stimmhaft (summend) gesprochen.

Unterschied:

☐ Die erste Silbe ist offen.
☐ Die erste Silbe ist geschlossen.

essen wissen passen die Flosse
messen küssen die Risse das Kissen

Gemeinsamkeit:

☐ Das **ss** wird stimmlos (zischend) gesprochen.
☐ Das **ss** wird stimmhaft (summend) gesprochen.

Unterschied:

☐ Die erste Silbe ist offen.
☐ Die erste Silbe ist geschlossen.

5 *Setze ein: **s**, **ß** oder **ss**? Verlängere Einsilber als Beweis.*
Hier musst du verlängern, um die richtige Schreibweise herauszufinden.

Er hasst – has sen   Er rast – ra sen   das Maß – die Ma ße

Er fri__t – ________ er lä__t – ________ er sau__t – ________

die Mau__ – ________ hei__ – ________ der Prei__ – ________

der Flei__ – ________ das Ga__ – ________ der Fu__ – ________

6 *Zerlege die folgenden Wörter, um die richtige Schreibweise herauszufinden.*

die Me__ | latte – mes sen

der Fa__anstich – ________ der Hau__anstrich – ________

die Ma__anfertigung – ________ das Schwei__band – ________

der Fre__napf – ________ die Ga__flasche – ________

die Ba__stimme – ________ der Fu__ball – ________

7 *Vorsicht, Fehler!*
Markiere und korrigiere die Fehler.

die Fusslänge – die Fü ße

die Spassgesellschaft – ________ die Giesskanne – ________

maußgrau – ________ der Weisstorch – ________

der Loßverkäufer – ________ das Schliessfach – ________

die Gassflasche – ________ der Schlußverkauf – ________

Wann schreibt man i, wann ie?

1 *a) Schwinge die Wörter.*
b) Sortiere die Wörter in die Tabelle ein.
c) Untersuche die Silbengrenze und finde Gemeinsamkeiten. Kreuze an.

hindern	die Rinder	das Siegel	der Zwilling	die Bilder	der Spiegel	liegen
billig	bringen	schwingen	die Zwiebel	finden	biegen	grinsen
kitzeln	wiegen	der Winter	die Schiene	der Riese	der Schiefer	sieben

Wörter mit ie	Wörter mit i
______	______
______	______
______	______
Gemeinsames Merkmal:	Gemeinsames Merkmal:
☐ Die erste Silbe ist offen.	☐ Die erste Silbe ist offen.
☐ Die erste Silbe ist geschlossen.	☐ Die erste Silbe ist geschlossen.

Merke: Für die **ie**-Schreibung brauchst du unbedingt die zweisilbige Form des Wortes.
Die von dir gefundene Regel gilt **nur für Zweisilber**!

2 *a) Prüfe, ob die Regel bei diesen Wörtern zutrifft. Dazu musst du sie zuerst verlängern.*

~~er schielt~~	es riecht	er kriegt	~~er filmt~~	sie schiebt	er siegt	er dient
der Wind	der Krieg	das Lied	das Schild	spitz	dick	viel
tief	das Kind	es liegt	der Dieb	wild	das Bild	mild

b) Schreibe die Wörter in der Verlängerungsform auf. Schreibe ins Heft.

Wörter mit i: fil men, ...

Wörter mit ie: schie len, ...

3 *Zusammengesetzte Wörter musst du zerlegen, um die **ie**-Schreibung zu begründen.*

Zieh | harmonika – zie hen

Br__fumschlag – ______ K__ndersp__le – ______

D__bstahl – ______ R__chorgan – ______

unfr__dlich – ______ H__mmelfahrtskommando – ______

Großschreibung – Nomen sicher erkennen

Alle Nomen und Wörter, die wie Nomen gebraucht werden, werden großgeschrieben.

1 *a) Lies den folgenden Text.*

VORSICHT FEHLER!

Die angst der regenwürmer

Warum kriechen regenwürmer eigentlich bei regen aus der erde? Sie haben angst vor maulwürfen – das erklären zwei nordamerikanische studien. Denn regentropfen erzeugen auf dem waldboden erschütterungen, die die würmer falsch deuten: Sie glauben, dass ihre fressfeinde – die maulwürfe – herannahen, und flüchten an die oberfläche. Dass die würmer befürchten, bei regen in der erde zu ertrinken, konnten die forscher dagegen nicht bestätigen.

aus: NW Nr. 294 vom 16. Dezember 2008

b) Lies den folgenden Text und prüfe, was die Großschreibung bewirkt.

Die Angst der Regenwürmer

Warum kriechen Regenwürmer eigentlich bei Regen aus der Erde? Sie haben Angst vor Maulwürfen – das erklären zwei nordamerikanische Studien. Denn Regentropfen erzeugen auf dem Waldboden Erschütterungen, die die Würmer falsch deuten: Sie glauben, dass ihre Fressfeinde – die Maulwürfe – herannahen, und flüchten an die Oberfläche. Dass die Würmer befürchten, bei Regen in der Erde zu ertrinken, konnten die Forscher dagegen nicht bestätigen.

c) Kreuze an, ob die Aussagen zutreffen oder nicht.

	trifft zu	trifft nicht zu
A Ich kann beide Texte gleich gut lesen.	☐	☐
B Der Text in Kleinschreibung ist für mich ungewohnt.	☐	☐
C Die Großschreibung hilft mir, mich zu orientieren und schneller einen Überblick zu bekommen.	☐	☐
D Die großgeschriebenen Wörter zeigen an, worum es im Text geht.	☐	☐

2 *Fehler bei der Großschreibung passieren, wenn man die Nomen im Satz nicht erkennt.*
Markiere die Nomen.
Trage sie mit ihren Begleitern ein.

Nomen mit Artikel: ______________________________

Nomen mit dekliniertem Artikel: ______________________________

Nomen ohne Artikel: ______________________________

Nomen mit anderen Begleitern: ______________________________

Nomen mit Proben sicher erkennen
Beispielsatz: Warum kriechen Regenwürmer eigentlich bei Regen aus der Erde?

- **Artikelprobe**: Nomen erkennt man daran, dass man einen Artikel davorsetzen kann, ohne dass der Satz sich ändert. Beispiel: Warum kriechen **die** Regenwürmer eigentlich bei **dem** Regen aus der Erde?
- **Zählprobe**: Nomen können von Mengenangaben begleitet werden.
  einige, wenig, viele, etwas, manches ... bezeichnen unbestimmte Mengen.
  Zwei, sechs, ein Dutzend ... geben bestimmte Mengen an.
  Beispiel: Warum kriechen **alle** Regenwürmer eigentlich bei **viel** Regen aus der Erde?
- **Adjektivprobe**: Nomen können durch Adjektive genauer beschrieben werden. Beispiel:
  Warum kriechen **große** Regenwürmer eigentlich bei **heftigem** Regen aus der **nassen** Erde?

3 *Führe bei dem folgenden Satz die drei Proben durch.*

Regentropfen erzeugen auf dem Waldboden Erschütterungen, die die Würmer falsch deuten.

Artikelprobe: ______________________________

Zählprobe: ______________________________

Adjektivprobe: ______________________________

4 *a) Unterstreiche alle Nomen.*
b) Weise mit Hilfe einer der drei Proben nach, dass es sich um Nomen handelt. Notiere die Probe in der Randspalte.

Kanadische wissenschaftler versahen ein stück waldboden mit holzpflöcken, die tieftonschwingungen von 500 hertz und weniger erzeugten. Solche frequenzen sind typisch für die geräusche eines grabenden maulwurfs. Zahlreiche regenwürmer fielen auf den fehlalarm herein und kamen aus der erde gekrochen, berichten die forscher.

Nasse erde allein veranlasste die regenwürmer nicht dazu, ihr reich zu verlassen, zeigte der forscher Kenneth Catania von der universität in Nashville. Wenn er den würmern aber einen maulwurf zur gesellschaft gab, der sich in ihre richtung grub, traten sie blitzschnell die flucht an.

Auch regenwurmsammler ahmen unbewusst maulwurfsgeräusche nach, wenn sie mit einem stock auf die erde klopfen.

Die experten hatten die regenwurmarten Diplacardia mississippiensis und Diplocardia floridana unter die lupe genommen. Ob der in deutschland beheimatete wurm Lumbricus terrestris genauso reagiert wie seine amerikanischen artgenossen, bleibt abzuwarten.

Prüfe dein Strategiewissen

1 *Kreuze für jede Aussage an, ob sie zutrifft oder nicht.*

		trifft zu	trifft nicht zu
A	Beim deutlichen Mitsprechen kann man den Lauten Buchstaben zuordnen.	☐	☐
B	Verlängern ist die hilfreiche Strategie am Wortende.	☐	☐
C	Verlängern ist die hilfreiche Strategie bei Einsilbern.	☐	☐
D	Verlängern hilft vor allem bei Vokalen.	☐	☐
E	Zusammengesetzte Wörter muss man zerlegen.	☐	☐
F	Regeln kann man am Einsilber erkennen.	☐	☐
G	Für Regeln braucht man immer Zweisilber.	☐	☐

2 *i oder* ***ie****? Trage ein.*

V___rzehn hungr___ge Schneckenmäulchen fraßen g___rig fr___sche Zw___belpflänzchen aus dem Beet, aber die Gartenbes___tzer schw___gen l___ber, als die T___rchen zu verg___ften.

3 *a) Lies das Gedicht.*
b) Wende die Nomenproben an und unterstreiche die Nomen.
c) Markiere Verlängerungswörter grün.
d) Markiere Merkwörter gelb.
e) Prüfe, ob die ***ie****-Schreibung regelhaft verwendet wurde. Notiere die Regel.*
Erkläre die Schreibung von „siebzig" (Vers 10). Finde eine Ausnahme zur ie-Schreibung.

Robert Gernhardt
alarm!

VORSICHT FEHLER!

alarm! Hier spricht die polizei:
Bertolt biber, der ist frei!
ist aus seinem zoo entwichen,
hat sich in die stadt geschlichen,
wo er seitdem klaut und frisst,
dass es nicht zu glauben ist.
Hundertzwanzig streuselkuchen
sind verschwunden, und wir suchen
außerdem ein ganzes fass
honig, siebzig ananas,
tausend tafeln schokolade,
neunzig eier, und gerade
hören wir, es fehlt noch mehr:
Ob negerkuss, ob gummibär,
ob marzipan, ob früchtebrot,
ob speiseeis, ob obstkompott,
ob groß, ob klein, ob heiß, ob kalt –
bertolt macht vor gar nichts halt.
Drum lasst ihn nicht in eure wohnung!
Hunderttausend mark belohnung
winken dem, der ihn ergreift
und zur nächsten wache schleift.
Seid so gut, schafft ihn herbei!
Schönen dank! Die polizei.

Mit Hilfe der Strategien Fehler finden

Der kleine Wühlarbeiter

VORSICHT FEHLER!

Das gemeine deutsche Hausschwein ist, genau betrachtet, ein Halbchinese. Das verdankt es den Englendern. Die Fabrikarbeiter zu Begin der industriellen Revolution brauchten ordentlich was zu futtern. Da half der Blick nach China. Dort gab es schwere Schweine, die schneller fett ansetzten als ihre europeischen Verwandten und obendrein mehr Ferkel lieferten. Also wurden chinesische mit europäischen Hausschweinen gekreuzt. Doch auch schon forher hatten züchter versucht, die Sau zu schaffen, die am besten in die Landschaft passte und so viel Fleisch wie möglich lieferte. Ein Zuchtergepnis war das Schwein, das eine Rippe mer hat als von Natur aus vorgesehen. Imerhin waren das zwei Koteletts mehr.

Das Zuchtzil „rosa Schwarte" erklärt der Schweineexperte Dr. Beinlich mit dem Hinweis darauf, dass niemant schwarze Schwarten im Eintopf und am Krustenbraten appetitlich findet.

Allerdings leiden die modernen Schweine stärker unter sonnenbrant als ihre naturfarbenen Vorfahren, deshalb ist der Aufnthalt im Freien für das Hausschwein nicht ohne gefar. Dabei können Schweine für die Lantschaftspflege draußen nützlich sein. Mit ihrem keilförmigen Kopf samt Rüsel pflügen sie Wiesen um, auf denen sie nicht nur grünzeug, sondern auch tierisches Eiweis suchen. Darin ähneln sie dem Menschen. Sie sind auf mischkost angewiesen und brauchen Pflanzen- und Fleischnahrung.

Im Boden finden sie Engerlinge, Larwen, Würmer und auch mal Aas oder auch ein Mäusenest – für Schweine die ideale Beikost zum pflantzlichen, das in Mengen vertilgt wird. Selbst einen unvorsichtigen Hasen verschmähen sie nicht, wenn er sich schnappen läst.

Die schweinische wühlarbeit wirkt in etwa so wie das Pflügen oder Umgraben auf dem Acker oder im Garten. Pflanzen wie der Kleefarn gedeihen fast nur auf Schweineweiden. Weil es die nicht mehr gibt, ist die Pflanze so gut wie ausgestoben.

Schweine, die ihr Futter weitgehend selber suchen, lifern besseres Fleisch als Mastschweine, denen die Ration vom Automaten portioniert wird. Die weltbesten Schinken stamen vom spanischen Eichelmastschwein ab.

Bei uns ist mit den Weideschweinen kein großes Geschäft zu machen. Sie wacksen langsamer und sind teuer in der Haltung, denn die Behörden verlangen aufwendige wilddichte Zeune, um die unternehmungslustigen Tiere im Zaum zu halten.

Der deutsche Wald gehört den Wildschweinen – aber beileibe nicht nur der Wald. Bauern betrachten die Tiere als landplage, weil sie in die Getreide- und Maisfelder einfallen. Dort bleiben sie beim fressen oft unbemerkt, weil sie sich von innen nach aussen vorarbeiten. Dann werden sie ungestört dick und runt. In den Maisfeldern fülen die Seue sich wie im Schlaraffenland und werfen inzwischen zweimal im Jahr Junge. Die Jger müssen ordentlich schießen, aber die Landwirte ärgern sich saumässig über die Schäden.

1 *Finde im Text auf Seite 62 die Fehler, indem du die Strategien anwendest.*
a) Markiere sie mit dem hilfreichen Strategiezeichen.
b) Wenn du diese Zeichen alle richtig verwendet hast, solltest du alle Fehler gefunden haben. Streiche sie ab.

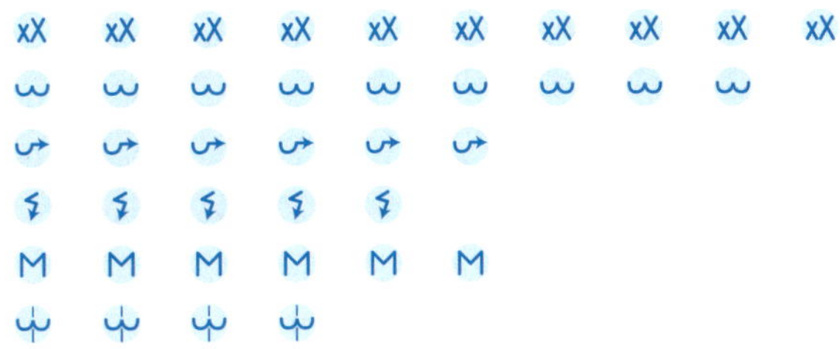

2 *Führe eine Fehleranalyse durch:*
Trage die von dir korrigierten Fehler zu der hilfreichen Strategie in die Tabelle ein.
Achtung: Manche Fehlerwörter kannst du zweimal einordnen!

Vergessene und vertauschte Buchstaben, doppelte Konsonanten	Fehler bei Einsilbern und am Wortende	e und eu oder ä und äu?	Wort-zusammen-setzungen	M Merkwörter: Nicht verlänger-bare Einsilber, Dehnungs-h, Wörter mit v, x, chs	xX Groß-schreibung

Drei Fehlerwörter bekommen zwei Strategiezeichen. Schreibe auf: ______________________

3 *a) Lass dir den Text auf Seite 62 diktieren.*
b) Überarbeite dein Diktat.
c) Lege eine Tabelle nach dem Muster oben in deinem Heft an (am besten im Querformat).
d) Ordne deine Fehler nach den hilfreichen Strategiezeichen.
e) Welche Fehler machst du oft? Lege deinen Schwerpunkt zum Üben fest.

Autoren- und Quellenverzeichnis

S. 8: Das Leben läuft unter Wasser einfach anders ab. Aus: www.helles-koepfchen.de, Thema „Tauchen" (Autor: Kai Hirschmann). Cosmos Media UG, 2009; **S. 14 f., 17 f., 20, 22:** HIAASEN, CARL: Eulen. Aus dem Amerikanischen von Birgitt Kollmann. Beltz & Gelberg, Weinheim und Basel 2003, S. 56–59, 89–95, 151–153, 297–300; **S. 33 f.:** BARON, ULRICH: Piraten – vom wilden Leben der Seeräuber. Aus: Das ZEIT Junior-Lexikon in sechs Bänden, Band 5. ZEIT-Verlag, Hamburg 2007; **S. 37:** HEBEL, JOHANN PETER: Das wohlfeile Mittagessen. Aus: Schatzkästlein des rheinischen Hausfreundes. Fischer Taschenbuch Verlag, Frankfurt/M. 2008; **S. 44:** MORGENSTERN, CHRISTIAN: Gruselett (Der Flügelflagel). Aus: Elisabeth K. Paefgen, Peter Geist (Hg.): Echtermeyer – Deutsche Gedichte. Cornelsen Verlag, Berlin 2005, S. 448; **S. 53:** ENDE, MICHAEL: Schreckliche Folgen der Zerstreutheit. Aus: Günter Stolzenberger (Hg.): Gedichte für Kinder. Insel Verlag, Frankfurt/M. 2004, S. 79; **S. 59, 60:** Die Angst der Regenwürmer. Aus: Neue Westfälische Zeitung Nr. 294, 16.12. 2008; **S. 61:** GERNHARDT, ROBERT: Alarm! Aus: Mit dir sind wir vier. Insel Verlag, Frankfurt/M. 1983; **S. 62:** Der kleine Wühlarbeiter. Aus: Prisma 45/2008, S. 6 und 33

Bildquellenverzeichnis

S. 4 oben links: © HIG – Fotolia.com, **oben Mitte:** © Yuri Timofeyev – Fotolia.com, **oben rechts:** © Jaimie Duplass – Fotolia.com, **unten links:** © Franz Pfluegl – Fotolia.com, **unten rechts:** © Petra Eckerl – Fotolia.com; **S. 8:** © Hennie Kissling – Fotolia.com; **S. 10:** Cover von Cornelia Funke: Herr der Diebe: Cecilie Dressler Verlag, Hamburg 2000; Tintenherz: Cecilie Dressler Verlag, Hamburg 2003; Tintenblut: Cecilie Dressler Verlag, Hamburg 2005; **S. 12, 26, 27, 33 rechts:** picture-alliance/dpa; **S. 20:** © Canon_Bob – Fotolia.com; **S. 22:** Cover von Carl Hiaasen: Eulen: © Carl Hiaasen, Beltz & Gelberg; **S. 24:** mauritius images / Creatas; **S. 28:** ((Computer)) © Randy Harris – Fotolia.com, ((Natur)) © Kzenon – Fotolia.com; **S. 33 links:** picture-alliance/maxppp; **S. 34:** ullstein bild; **S. 62:** corel library

Impressum

Redaktion: lüra – Klemt & Mues GbR, Wuppertal

Illustrationen: Maja Bohn, Berlin
Umschlaggestaltung: Katrin Nehm (Illustration: Maja Bohn)
Gestaltung und technische Umsetzung: Anna-Maria Klages, Wuppertal

www.cornelsen.de

1. Auflage, 1. Druck 2010

Druck: Druckhaus Berlin-Mitte

ISBN: 978-3-06-060969-7

Inhalt gedruckt auf säurefreiem Papier aus nachhaltiger Forstwirtschaft.

Deutschbuch

Förderheft

7

Lösungen

Seite 4

1 *Mögliche Mind-Map:*

Freizeit

Sport
- Ballsport
- Leichtathletik
- Joggen
- Kampfsport
- Schwimmen
- Mountainbike
- Skateboardfahren
- Tauchen
  - Schnorcheln
  - Tauchen mit Sauerstoff-Flasche

kreative Tätigkeiten
- Kunst
  - Malen, Zeichnen
  - Bildhauerei
- Basteln
  - Modellbau
- Kunsthandwerk
  - Textiles Gestalten
  - Töpfern
- Musik
  - ein Instrument spielen
  - in einer Band spielen oder singen
  - in einem Chor singen
  - in einem Jugendorchester mitwirken
- Lesen

Haustiere
- „normale“ Tiere
  - Hunde, Katzen, Vögel usw.
- exotische Tiere

ehrenamtliche Tätigkeiten
- in Vereinen
- in kirchlichen Einrichtungen
- bei der Freiwilligen Feuerwehr
- in Jugendgruppen
- im Tierheim
- in einer Umweltschutzgruppe

Freunde/Freundinnen
- Unternehmungen mit Freunden/Freundinnen
  - Konzerte, Ausstellungen
  - Musik hören
  - einfach nur reden
  - draußen spielen

Medien
- Fernsehen
- Computer

Seite 5

2 Das Diagramm gibt an, welche Freizeitaktivitäten bei Jugendlichen allgemein, bei *Mädchen* und bei *Jungen* beliebt sind. Es wurden insgesamt *1241* Jugendliche befragt. Die Antworten der *Jungen* sind als blaue Säule dargestellt, die der *Mädchen* als rote. Das Diagramm stellt die Ergebnisse vollständig dar, man sieht *100* Prozent.

3 *Richtig ist:*
Die Mädchen beschäftigen sich lieber mit Tieren als die Jungen.
16 Prozent der Jungen treiben fast täglich Sport.
Alle anderen Aussagen sind falsch.

4 *Ergänzungen der Mind-Map sind in der Lösung zu Aufgabe 1 von Seite 4 grau hinterlegt.*

Seite 6

5 *29* Prozent der Jugendlichen beschäftigen sich in ihrer Freizeit mit Tieren.

6 Um welches Thema geht es? *Haustiere als Freizeitbeschäftigung, exotische Haustiere*
Was weißt du schon über dieses Thema? *Hier hast du sicherlich geschrieben, was du über das Thema weißt.*
Was möchtest du noch darüber wissen? *Hier solltest du geschrieben haben, was du noch über Haustiere als Freizeitbeschäftigung wissen möchtest.*

7 **Was** wird über Leonie berichtet? *Schülerin, 7. Klasse, hält Stabschrecken*
Wie hält sie ihr Haustier? *in einem großen Terrarium, mit Brombeerblättern und -zweigen, säubert das Terrarium regelmäßig*
Warum gefällt ihr das Hobby? *ungewöhnliche Tiere, interessant zu beobachten*

Seite 7

8 a) *Schlüsselwörter:*
Tieren, beliebte Freizeitbeschäftigung, Jugendlicher, Hunde, Katzen, Haustiere, Freude, Verantwortung, Lebensgewohnheiten der Tiere, angemessen gehalten, Krankheit, zunehmend exotische Tiere, Informationen über deren Lebensweise, angemessener Lebensraum, Herausforderung, Leonie, siebten Klasse, Stabschrecken, „unsichtbar", Terrarium, interessant, Beobachten, Häutung

b) *richtig:* Stabschrecken kommen in unseren Wäldern natürlich nicht vor.

9 Mit Tieren beschäftigen – eine beliebte Freizeitbeschäftigung: Abschnitt 1
Exotische Tiere in unseren Wohnzimmern: Abschnitt 2
Stabschrecken – Leonies Haustiere: Abschnitt 3

10 a) *Mögliche Zusammenfassung mit eigenen Worten:*
Es ist besonders wichtig, zu erfahren, wie diese Tiere leben. Dann können die Tiere richtig gehalten werden. Das ist eine Herausforderung.

b) *Mögliche Sinneinheiten:*
Natürlich waren Leonies Eltern nicht sofort begeistert, dass sie sich für „schmucklose" Tiere entschieden hat, / aber seit sie sehen, dass Leonie in der Beschäftigung mit den Stabschrecken voll aufgeht, / unterstützen sie ihr Hobby.

Mögliche Zusammenfassung mit eigenen Worten:
Leonies Eltern fanden ihre Haustiere zuerst nicht so gut. Aber sie merken, dass Leonie sich ausgiebig mit den Stabschrecken beschäftigt. Seitdem unterstützen ihre Eltern sie.

11 a) *Mögliche Zusammenfassung:*
In dem Text geht es um Haustiere als Freizeitbeschäftigung Jugendlicher. Tiere machen Freude, aber man ist auch für sie verantwortlich. Man muss sie richtig halten und dafür sorgen, dass es ihnen gutgeht. Immer mehr Menschen haben exotische Tiere, die bei uns eigentlich nicht vorkommen. Bei diesen muss man besonders darauf achten, wie man sie richtig hält. Ein Beispiel für eine Tierhalterin ist Leonie. Sie geht in die siebte Klasse und hält Stabschrecken in einem großen Terrarium. Sie findet es interessant, sie zu beobachten. Leonies Eltern waren zuerst nicht sehr begeistert von ihrem Hobby, aber jetzt unterstützen sie es.

b) *Ergänzungen der Mind-Map sind in der Lösung zu Aufgabe 1 von Seite 4 unterstrichen.*

Seite 8

12 *Möglicher Satz:*
In dem Text geht es um das Hobby Schnorcheln und Tauchen.

Seite 9

13 Korallenriff = Erhebung im Meer, die aus Korallen besteht
Barrakuda = gefährliche Fischart
hektisch = hastig, aufgeregt
Region = Gebiet
speziell = besonders

14 **Was** erfährst du über das Tauchen? *Man fängt mit Schnorcheln an – mit Flossen, Brille, Schnorchel; erst später taucht man mit Sauerstoffflasche in größere Tiefen.*
Wo taucht man am besten? *an Korallenriffen*
Wie lernst du tauchen? *Tauchschein machen bei Tauchlehrer/-in, in Tauchschulen oder bei der DLRG, man fängt im Schwimmbad oder See an*
Warum ist das Tauchen manchmal gefährlich? *weil gefährliche Fische wie Haie oder Barrakudas auftauchen können*

15 a) *Sinnabschnitte und mögliche Zusammenfassungen:*

1. Sinnabschnitt (Z. 1–6):	faszinierende Unterwasserwelt
2. Sinnabschnitt (Z. 7–19):	Schnorcheln an Korallenriffen
3. Sinnabschnitt (Z. 20–29):	Gefahren beim Schnorcheln
4. Sinnabschnitt (Z. 30–43):	Korallen sind geschützt
5. Sinnabschnitt (Z. 44–62):	Tauchen mit Sauerstoffflasche

b) *Mögliche Überschrift:*
Tauchen – ein tolles Hobby

16 a) Das Anfassen und Abbrechen von Korallen ist übrigens streng verboten. Denn zum einen sind einige der Korallen (und auch Fische im Korallenriff) ziemlich giftig, / zum anderen brauchen Korallen Jahrzehnte, manchmal sogar Jahrhunderte, um so groß zu werden. Wenn jede Touristin oder jeder Tourist sich eine besonders schöne Koralle abbrechen und mit nach Hause nehmen würde, dann gäbe es bald keine Korallenriffe mehr. Darum ist auch das Mitbringen von Korallen nach Deutschland streng verboten und kann sogar mit Gefängnis bestraft werden.

b) *Die Gelenkwörter sind in der Lösung zu Aufgabe 16 a) unterstrichen.*

c) Argument 1: Einige Korallen sind giftig. Argument 2: Korallen wachsen langsam und es dauert sehr lange, bis sie groß sind. Argument 3: Wenn Taucher Korallen mitnehmen, verschwinden die Korallenriffe nach einiger Zeit ganz. Argument 4: Man darf Korallen nicht mit nach Deutschland bringen.

17 a) *Mögliche Zusammenfassung:*
In dem Text geht es um Schnorcheln und Tauchen als Hobby. Die Unterwasserwelt ist faszinierend und lässt sich durch Schnorcheln entdecken, am besten an Korallenriffen. Dabei muss man allerdings auch auf die Gefahren achten, wie z. B. auf Haie und Barrakudas. Korallen sind geschützt, es ist verboten, sie abzubrechen und mitzunehmen. Wer in größere Tiefen tauchen will, der kann das Tauchen mit Sauerstoffflasche lernen. In einer Tauchschule oder bei der DLRG kann man einen Tauchschein erwerben.

b) *Ergänzungen der Mind-Map sind in der Lösung zu Aufgabe 1 von Seite 4 doppelt unterstrichen.*

Seite 10

18 b) *Möglicher Satz:*
In dem Text geht es um das Hobby Lesen.

19 B bedeutet: *etwas tun, das man interessant und aufregend findet*
C bedeutet: *etwas sehr wichtig finden, etwas für sehr wertvoll halten*
D bedeutet: *es gut finden, dass man die Möglichkeit hat*
E bedeutet: *lernen, sich selbst etwas auszudenken, eigene Ideen zu verwirklichen*
F bedeutet: *versuchen, die Welt so zu sehen und sich so zu fühlen wie die Personen im Buch*

Seite 11

20 a) A **Wer** liest gern? *Maximilian, Schüler der 7. Klasse*
B **Warum** ist das Lesen so toll? *Weil man beim Lesen ein gutes Gefühl hat, weil man sich in die Figuren hineinversetzen kann, weil man in der Fantasie die Abenteuer miterlebt, weil man selbst etwas erschaffen kann, weil man in fremde Welten abtauchen kann.*

b) *Mögliche weitere W-Fragen:*
C **Wann** bekommt Maximilian nichts mehr mit? *Wenn er in ein Buch versunken ist.*
D **Wo** liest Maximilian am liebsten? *zu Hause in seinem Zimmer.*
E **Was** ist das Besondere am Lesen? *Dass man überall lesen kann, z. B. auch im Auto und in Bus oder Bahn.*

21 a) *Mögliche Schlüsselwörter:*
Lesen, Maximilian, 7. Klasse, Beschäftigung, abwechslungsreicher, spannender, tollen Zeitvertreib, Gefühl, nachempfinden, Fantasie, Abenteuer, Kreativität, versunken, zu Hause, überall lesen, Auto, Bus, Bahn

b) *Mögliche Überschriften:*
1. Sinnabschnitt (Z. 1–14): Das Hobby Lesen
2. Sinnabschnitt (Z. 15–36): Maximilian liest aus vielen guten Gründen
3. Sinnabschnitt (Z. 37–49): Lesen kann man überall

22 a) + b) Obwohl das Lesen eines Buches keinen der obersten Ränge bei der Befragung nach den beliebtesten Freizeitaktivitäten eingenommen hat, gibt es doch noch Jugendliche, die dem Lesen in ihrer Freizeit einen hohen Stellenwert beimessen.
Er hat viele Gründe, die für ihn das Lesen zu einem ausgesprochen tollen Zeitvertreib machen. So liest er, weil er das Gefühl, das sich beim Lesen einstellt, unbeschreiblich findet ... Maximilian liebt es, in seiner Fantasie die Abenteuer mitzuerleben, die den Heldinnen und Helden in der Geschichte begegnen ... So stellt er sich die Figuren, die in dem Roman vorkommen, bildlich vor und gestaltet ... Am liebsten liest Maximilian zu Hause in seinem Zimmer, in dem er es sich richtig gemütlich machen kann. ... So ist er mit seiner Familie, die seine Leidenschaft mit Büchergeschenken unterstützt, ... Das Auto wurde während der Reise zu einem kuscheligen Ort, von dem aus Maximilian in fremde Bücherwelten abtauchen konnte.

23 a) *Mögliche Zusammenfassung:*
In dem Text geht es um das Hobby Lesen. Es gehört nicht zu den beliebtesten Freizeitbeschäftigungen von Jugendlichen, dennoch lesen einige Jugendliche gern. Ein Beispiel ist Maximilian, Schüler der 7. Klasse. Er liest aus verschiedenen Gründen. Lesen regt seine Fantasie an, er mag es, sich in die Figuren hineinzuversetzen und sie sich vorzustellen. Maximilian liest zwar am liebsten zu Hause, aber das Besondere am Lesen ist, dass man es überall tun kann.

b) *Ergänzungen der Mind-Map sind in der Lösung zu Aufgabe 1 von Seite 4 mit einer Punktlinie unterstrichen.*

Seite 12

24 b) *1. Schritt:* In dem Text geht es um ein „Greenteam", eine Umweltschutzgruppe von Jugendlichen.

2. Schritt: Mögliche unbekannte Wörter:
Umweltdetektivin/-detektiv: Person, die Dinge in Bezug auf die Umwelt herauszufinden versucht
Tropenholzmöbel: Möbel aus dem Holz von Bäumen aus dem tropischen Regenwald

Sonderling: Außenseiter, Einzelgänger, merkwürdige Person
Aktion: Unternehmung, Maßnahme
existieren: vorhanden sein, da sein, leben
kurzschließen: zusammenarbeiten, sich mit jemandem austauschen
Projekt: Vorhaben, Plan
Anliegen: Bedürfnis, Wunsch

3. Schritt: Mögliche W-Fragen:
Wer hat ein Greenteam gegründet? Max, Paul, Mervegül und Nadja
Was hat das Greenteam bisher gemacht? sich informiert, sich für die Urwälder eingesetzt, gegen Tropenholzmöbel demonstriert, Aktionen zu Mülltrennung und -vermeidung durchgeführt, Informationen über die artgerechte Haltung von Tieren zusammengetragen, in der Schule auf Probleme des Tierschutzes aufmerksam gemacht, Unterschriften für Gesetzesänderungen gesammelt, in Tageszeitungen auf Probleme aufmerksam gemacht
Wann wurde die Gruppe gegründet? vor zwei Jahren
Wo hat die Gruppe ihre Aktionen durchgeführt? vor Möbelhäusern, in der Schule
Warum will die Gruppe mit anderen Greenteams zusammenarbeiten? Ein großes gemeinsames Projekt erregt in der Öffentlichkeit mehr Aufmerksamkeit.
Wie geht die Gruppe vor? erst Ideen sammeln, alle sollen mitarbeiten

4. Schritt: Mögliche Schlüsselwörter:
Greenteams, informierten, Internet, Umweltschutzorganisationen, Greenpeace, Umweltsünden, geschockt, Erhalt der Urwälder, Probleme, Aktionen, Mülltrennung, Müllvermeidung, artgerechte Haltung, Schule, Tierschutzes, Gesetzesänderungen, Öffentlichkeit, Tageszeitungen, neue Aktion, Ideen, gemeinsam, Gruppe, zufrieden, Greenteams, kurzzuschließen, gemeinsames Projekt, bekannter

c) *Mögliche Zwischenüberschriften:*
1. Sinnabschnitt (Z. 1–11): Gründung und erste Aktion des Greenteams
2. Sinnabschnitt (Z. 12–31): Aktionen zu verschiedenen Problemen vor Ort
3. Sinnabschnitt (Z. 32–38): Vorgehensweise bei einer neuen Aktion
4. Sinnabschnitt (Z. 39–43): Planung eines gemeinsamen Projekts mit anderen Greenteams

Seite 13

25 b) Richtig ist Aussage C.

26 a) + b) Bevor wir uns zur Gründung eines Greenteams entschlossen, informierten wir uns ...
Nachdem wir gemeinsam die Gründung eines Greenteams beschlossen hatten, zogen wir ...
Während wir uns zunehmend stärker einsetzten, entdeckten wir aber immer mehr Probleme direkt vor unserer Haustür. ... Seitdem wir auch an die Öffentlichkeit gehen und in Tageszeitungen auf die Probleme aufmerksam machen können, sind wir mit unserer Arbeit sehr zufrieden.
Ehe wir eine neue Aktion starten, sammeln wir in mehreren Treffen erst einmal Ideen. ...
Nachdem wir festgestellt haben, dass auch in den umliegenden Städten Greenteams existieren, ...

c)

vor dem Zeitpunkt des Gesagten (Vorzeitigkeit)	zum Zeitpunkt des Gesagten (Gleichzeitigkeit)	in der Zukunft (Nachzeitigkeit)
nachdem	während	bevor
nachdem	seitdem	ehe

d) Die Konjunktion *seitdem* ist nicht leicht in die Tabelle einzuordnen, weil *sie auch Vorzeitigkeit ausdrücken kann.* (Ein Beispiel: *Seitdem er das Fahrrad im Schaufenster gesehen hat, wünscht er es sich zum Geburtstag.*)

27 a) *Mögliche Zusammenfassung:*
In dem Text geht es um eine Umweltschutzgruppe von Jugendlichen. Vier Schüler arbeiten seit zwei Jahren in einem Greenteam zusammen und führen Aktionen zum Thema Umweltschutz durch. Sie demonstrieren z. B. gegen Tropenholzmöbel, informieren über Mülltrennung und den Tierschutz oder sammeln Unterschriften für Gesetzesänderungen. Vor neuen Aktionen verbringen die Gruppenmitglieder viel Zeit damit, Ideen zu sammeln. Die vier Schüler planen ein gemeinsames Projekt mit anderen Greenteams aus der Umgebung, um ihre Arbeit bekannter zu machen.

b) *Ergänzungen der Mind-Map sind in der Lösung zu Aufgabe 1 von Seite 4 mit einer Strichlinie unterstrichen.*

Seite 14

1 *Mögliche Antwort:*
Eulen gehören zu den Vögeln. Sie sind nachtaktive Tiere. Ihre Augen sind nicht wie bei anderen Vögeln zur Seite gerichtet, sondern nach vorn. Sie können ihren Kopf sehr weit drehen. Sie fressen Mäuse, Frösche, Schlangen und Insekten. Sie schlucken ihre Beute als Ganzes hinunter. Die Teile, die sie nicht verdauen können, spucken sie in der Form eines festen Balles wieder aus. Dieser Ball heißt „Gewölle".

Seite 15

3 *Mögliche Zusammenfassung:*
In dem Textabschnitt geht der Junge Roy in der Schulcafeteria mutig auf eine Mitschülerin zu und redet ganz offen mit ihr, weil er sich nicht länger vor ihr verstecken will.

4 a) + b) *Mögliche unbekannte Wörter und ihre Bedeutung:*
amüsiert (Z. 17) = belustigt, grinsend; höhnisch (Z. 21) = spöttisch, boshaft, verächtlich, gemein; nervös (25/26) = unruhig, aufgeregt; zivilisierte Menschen (Z. 60) = Menschen, die höflich miteinander umgehen; dalli (Z. 74) = schnell, plötzlich

5 a) **Wer** trifft aufeinander? *Roy Eberhardt trifft auf Beatrice Leep und drei ihrer Freundinnen.*
Was geschieht? *Roy geht zu Beatrice und stellt sie freundlich zur Rede. Beatrice ist darüber so überrascht, dass sie kein Wort herausbringt.*

b) *Mögliche weitere W-Fragen:*
Wo findet das Geschehen statt? *In der Schulcafeteria.*
Warum will Roy mit Beatrice reden? *Roy hat Probleme mit Beatrice und will sie lösen. Er will sich nicht länger vor Beatrice verstecken.*
Wann redet Roy mit Beatrice? *In der Mittagspause.*
Wie reagiert Beatrice? *Zuerst grinst sie höhnisch und fragt Roy, ob er ein Problem habe. Dann ist sie von seiner Offenheit geschockt und stottert. Ihre Finger verkrampfen sich, sodass sie ihr Sandwich zerquetscht. Schließlich sagt sie gar nichts mehr.*

Seite 16

6

Roy sieht Beatrice und geht zu ihrem Tisch	*Roy sagt Beatrice die Meinung.*	*Beatrice ist verwirrt.*	*Roy geht wieder.*

7 a) Roy holte tief Luft, ging hinüber und setzte sich zu den Mädchen. (Z. 14/15)
Roy lächelte, obwohl er nervös war. (Z. 25/26)
Roy holte tief Luft und legte los: [...]. (Z. 30)
„Wenn ich dir irgendwas getan hab, was dich geärgert hat, dann tut es mir leid. Es war keine Absicht." (Z. 35–38)
„[...] ?", fragte Roy ganz freundlich. (Z. 45/46)
„Wenn du das nächste Mal ein Problem hast, dann sag es mir gleich, [...]" (Z. 57–61)
Roy stand ganz ruhig auf. (Z. 75)
Roy lächelte betont freundlich. „Ich freue mich trotzdem, dass wir Gelegenheit hatten, uns ein bisschen besser kennen zu lernen." (Z. 82–85)
Dann ging er wieder zurück auf die andere Seite der Cafeteria [...]. (Z. 86–88)

So könnte Roys Verhalten auf dich wirken:
Roys Verhalten wirkt mutig und außergewöhnlich. Er wirkt ruhig, obwohl er aufgeregt ist. Er wirkt offen und ehrlich. Roy hat sich unter Kontrolle. Er wirkt selbstsicher. Sein Verhalten wirkt freundlich, aber bestimmt.

b) **richtig**: mutig, konfliktfähig, entschlossen, direkt, ungewöhnlich
falsch: unverschämt, zurückhaltend, feige

8 a) Beatrice starrte ihn ungläubig an, [...] (Z. 15/16)
„Hast du ein Problem?", wollte Beatrice wissen. [...] höhnisch grinsenden Mund, [...] (Z. 19–22)
[...] sie schien regelrecht unter Schock zu stehen. Ihr Sandwich schwebte weiter in der Luft, [...] (Z. 40–42)
„Äh-w-was?", stotterte Beatrice. (Z. 47)
[...] Beatrice blitzte sie wütend an. (Z. 52)
„Zivilisiert", wiederholte Beatrice und starrte Roy über den Rand ihrer Brille an. (Z. 62/63)
Matschige Stückchen Brot und Fleisch traten zwischen den verkrampften Fingern hervor – Beatrice hatte ihr Sandwich so zerquetscht, dass es sich auflöste. (Z. 67–70)
Sie sagte kein Wort. (Z. 81)

b) *Mögliche Gedanken von Beatrice:*
Was will der denn hier? Ich glaub's nicht. Dem werde ich es zeigen. Was hat er gerade gesagt? Er hat sich entschuldigt? Häh? Und jetzt will er wissen, wie viel ich wiege? Warum? Hey, da gibt's nichts zu lachen! Klar bin ich schwerer als der, das ist doch nicht schlimm. Was meint er denn mit „zivilisiert"? Wenn ich ein Problem habe, rede ich bestimmt nicht mit dem darüber. Ich fasse es einfach nicht, wie der mit mir spricht. Ich habe keine Ahnung, was ich machen soll. Mist, das Sandwich kann ich wegwerfen.

9 *Sinnabschnitte und mögliche Zwischenüberschriften:*
Abschnitt 1: Z. 1–13: Roy fasst einen Entschluss
Abschnitt 2: Z. 14–23: Roy setzt sich in der Cafeteria zu Beatrice
Abschnitt 3: Z. 24–70: Roy redet offen mit Beatrice
Abschnitt 4: Z. 71–88: Beatrice' Freundin greift ein, Roy verabschiedet sich

10 *Mögliche Zusammenfassung:*
Roy fasst den Entschluss, zu handeln, damit sich die Situation mit Beatrice verbessert. In der Mittagspause setzt er sich in der Schulcafeteria zu ihr und ihren drei Freundinnen. Er ist ganz offen mit ihr, entschuldigt sich und sagt, dass sie mit ihm darüber reden soll, wenn sie ein Problem hat. Beatrice reagiert zuerst ungläubig, dann fassungslos. Sie stottert, zerquetscht ihr Sandwich und sagt schließlich gar nichts mehr. Als eine ihrer Freundinnen Roy sagt, dass er verschwinden soll, verabschiedet er sich freundlich und geht.

Seite 18

12 Die Aussagen A und E treffen nicht zu, B, C und D treffen zu.

13 a) *Mögliche W-Fragen und Antworten:*

Wer ist an dem Geschehen beteiligt? *Roy und Beatrice*

Wer ist der geheimnisvolle Junge ohne Schuhe? *der Bruder von Beatrice*

Wo findet das Geschehen statt? *in einem alten, aufgebockten Lieferwagen*

Was geschieht? *Beatrice fährt mit Roy auf seinem Fahrrad zu einem eingezäunten Grundstück. Sie führt ihn in den Lieferwagen und reißt ihm dort den Schuhkarton aus der Hand. Sie stellt fest, dass Roy die Wahrheit gesagt hat und Turnschuhe darin sind. Sie verrät Roy, dass der geheimnisvolle Junge ihr Bruder ist.*

Warum will Roy dem Jungen seine Turnschuhe geben? *Weil Roy befürchtet, dass der Junge barfuß in Glasscherben, Nägel oder auf eine Schlange treten könnte. Er möchte nicht, dass sich der Junge verletzt.*

b) *Beatrice zwingt Roy, mitzufahren.* → *Sie führt ihn zu einem alten Lieferwagen.* → *Sie nimmt ihm den Schuhkarton ab.* → *Sie sagt Roy, dass der Junge ihr Bruder ist.* →

14 a) „Stimmt." (Z. 2)
„Vielleicht später", sagte sie. „Spring auf." (Z. 4)
„Auf den Lenker, du Dösel. Setz dich drauf. Wir machen einen Ausflug." (Z. 6/7)
„Klappe", antwortete Beatrice." (Z. 21)
„Gib die Schachtel her!" (Z. 47/48)
„Liegt dir was an deinen Vorderzähnen, Eberhardt?" (Z. 50/51)
„Zum letzten Mal", sagte Beatrice drohend, „was hast du in dem Schuhkarton?" (Z. 56/57)
„Haha!" (Z. 59)
„Wozu schleppst du ein extra Paar Turnschuhe mit dir rum? Das ist doch echt beknackt, Cowgirl." (Z. 65–68)
„Für wen sind sie dann?" (Z. 72)
„Was für ein Junge?" (Z. 74)
„Ach ja", sagte Beatrice spöttisch, „der, hinter dem du her warst, als du dich um deinen eigenen Kram kümmern solltest." (Z. 78–80)
„Du gibst wohl nie auf, was?" (Z. 85)
„Woher willst du wissen, ob der Junge überhaupt Schuhe will, Eberhardt? Vielleicht kann er ja ohne viel schneller rennen." (Z. 90–92)
„Ich sorge dafür, dass der barfüßige Junge diese Schuhe kriegt, aber nur unter der Bedingung, dass du versprichst, ihn in Ruhe zu lassen, und ihm nicht mehr hinterherspionierst." (Z. 97–101)
„Ja", sagte sie, „ich kenne ihn. Er ist mein Bruder." (Z. 103/104)

b) *Passende Adjektive sind*: umgangssprachlich, befehlend, fordernd, unnahbar.

Seite 19

15 selbstbewusst, fürsorglich, stolz, mutig, unerschrocken

16 b) Der Textauszug steht in Zeile 14–17.

c) Roy sitzt auf dem Lenkrad, aber Beatrice fährt trotzdem so gut Fahrrad, als würde er nur so viel wiegen wie eine Fliege.

17 „Ich (*Wer?*) <u>sorge</u> dafür, dass der barfüßige Junge (*Wer?*) diese Schuhe (*Wen (oder was)?*) <u>kriegt</u>, aber nur unter der Bedingung, dass du (*Wer?*) <u>versprichst</u>, ihn (*Wen (oder was)?*) in Ruhe zu lassen, und ihm (*Wem?*) nicht mehr <u>hinterherspionierst</u>."

18 *Sinnabschnitte und mögliche Zwischenüberschriften:*
Abschnitt 1: Z. 1–28: Beatrice radelt mit Roy zu einem eingezäunten Grundstück
Abschnitt 2: Z. 29–43: Die Kinder klettern in einen alten Lieferwagen
Abschnitt 3: Z. 44–63: Beatrice nimmt Roy den Schuhkarton ab
Abschnitt 4: Z. 64–104: Beatrice verrät Roy, dass der Junge ohne Schuhe ihr Bruder ist

19 *Mögliche Zusammenfassung:*
Beatrice radelt mit Roy zu einem eingezäunten Grundstück. Sie führt ihn durch ein Loch im Zaun und zu einem alten, aufgebockten Lieferwagen. Im Lieferwagen nimmt Beatrice Roy den Schuhkarton ab. Sie stellt fest, dass wirklich Schuhe darin sind. Roy erzählt ihr, dass er die Schuhe dem barfüßigen Jungen geben will. Beatrice verrät ihm, dass der Junge ihr Bruder ist.

Seite 20

21 Beatrice' Bruder zeigt Roy kleine Eulen auf dem Grundstück.

Seite 21

22 *Mögliche unbekannte Wörter und ihre Bedeutung:*
nüchtern (Z. 2) = hier: sachlich; vernagelt (Z. 9) = hier: dumm; Rottweiler (Z. 14) = große, kräftige Hunderasse; Streifenziesel (Z. 38/39) = rattengroßes Nagetier, eine Art Erdhörnchen; Bulldozer (Z. 43) = schweres Baustellenfahrzeug; Schaufelblatt (Z. 44) = Schaufel des Bulldozers

23 **Wer** trifft aufeinander? Beatrice, ihr Stiefbruder Fischfinger und Roy
Wo treffen sie aufeinander? Grundstück, auf dem ein Restaurant gebaut werden soll
Was geschieht? Fischfinger lockt mit Hackfleisch eine Eule aus ihrem Bau

24 Roy versteht die Situation nicht → Fischfinger legt Hackfleischbällchen auf den Boden. → Eine Eule kommt aus ihrem Bau. → Roy versteht, worum es geht. →

25 b) Fischfinger pulte die Plastikfolie ab und fummelte eine Hand voll Hackfleisch heraus, (das) er sorgfältig zu sechs kugelrunden Fleischbällchen rollte.

c) Dann ging er zu einem anderen Loch auf der anderen Seite des Grundstücks, (das) ganz genauso aussah wie das erste, und legte auch dort zwei Bällchen hin.

Direkt neben dem Loch stand, neugierig ein Fleischbällchen beäugend, die kleinste Eule, (die) er je gesehen hatte.

26 *Mögliche Erklärung:*
Roy versteht etwas nicht und glaubt, dass er vielleicht dumm ist.

27 *Sinnabschnitte und mögliche Zwischenüberschriften:*
Abschnitt 1: Z. 1–15: Roy ist verwirrt
Abschnitt 2: Z. 16- 49: Fischfinger legt Hackfleisch aus
Abschnitt 3: Z. 50–63: Roy sieht die Eule
Abschnitt 4: Z. 64–67: Roy versteht die Situation

28 *Mögliche Zusammenfassung:*
Roy versteht nicht, worum es Fischfinger und seiner Schwester Beatrice geht. Da legt Fischfinger Hackfleischbällchen auf dem Grundstück aus und lockt damit eine Kanincheneule aus ihrem Bau. Nun begreift Roy, warum Fischfinger nicht will, dass auf dem Grundstück gebaut wird.

Seite 22

29 *1. Schritt:*
In dem Text erzählt Roy der Klasse von den Eulen, die durch das Pfannkuchen-Restaurant gefährdet sind.

2. Schritt: Mögliche unbekannte Wörter und ihre Bedeutung:
Filiale (Z. 7) = Zweigstelle, Niederlassung; cool (Z. 9) = toll, großartig; Gürteltier (Z. 36) = ein gepanzertes Säugetier; Diskussionsrunde (Z. 51) = Meinungsaustausch in einer Gruppe; aktuell (Z. 51) = gegenwärtig, gerade wichtig; planieren (Z. 57) = platt walzen, einebnen

3. Schritt: Mögliche W-Fragen und Antworten:
Wer nimmt an der Diskussionsrunde teil? Roy, seine Klasse und der Lehrer Mr. Ryan
Was erzählt Roy seiner Klasse? Er erzählt, was mit den Eulen passieren wird.
Was wird mit den Eulen passieren? Sie werden wegfliegen oder sterben.
Wann soll das Grundstück planiert werden? am nächsten Tag um zwölf Uhr
Wo leben die Kanincheneulen? in Erdlöchern
Warum will Roy am nächsten Tag zu dem Grundstück gehen? Um den Leuten vom Pfannkuchen-Restaurant zu zeigen, dass ihm die Eulen nicht egal sind.
Wie reagieren Roys Mitschüler? Sie fragen nach und sind betroffen.
Welche Folgen hat Roys Vortrag? Roys Mitschüler erkennen das Problem. Er rüttelt sie auf.

Handlungspfeil:

Roy erzählt der Klasse von den Eulen.	Mr. Ryan unterbricht ihn.	Die Klasse diskutiert über das Schicksal der Eulen.	Roy erklärt, dass er am nächsten Tag zum Eulen-Grundstück geht.

30 a) Roy will seine Mitschüler dazu bringen, dass sie am nächsten Tag mit ihm zu dem Grundstück gehen. Er will erreichen, dass sie ihm helfen, die Eulen zu beschützen.

b)

Roy will durch diese Schritte überzeugen:	**Das erzählt er der Klasse:**
Roy weckt das Interesse seiner Zuhörer.	Er redet über Pfannkuchen und das geplante Restaurant.
Roy stellt sein Thema vor.	Er spricht über die Eulen (ihr Aussehen, ihren Lebensraum).
Roy ruft Betroffenheit hervor.	Er sagt, dass die Maschinen die Höhlen der Eulen zerstören werden. Die Eulen werden wegfliegen oder sterben.
Roy hat ein gutes Argument.	Die Zerstörung der Höhlen ist gegen das Gesetz.
Roy appelliert an seine Klasse.	Jeder, dem die Eulen nicht egal sind, sollte am nächsten Tag zu dem Grundstück gehen.

c) *Mögliche Meinung:*
Ich glaube, dass Roy seine Klasse überzeugen kann. Seine Mitschüler sind betroffen, das merkt man an dem, was sie sagen. Sie finden es schlimm, dass die Eulen sterben sollen. Sie werden Roy helfen und am nächsten Tag auch zu dem Grundstück gehen.

31 *Sinnabschnitte und mögliche Zwischenüberschriften:*
Abschnitt 1: Z. 1–21: Roy weckt das Interesse seiner Mitschüler
Abschnitt 2: Z. 22–47: Roy informiert die Klasse über die Eulen
Abschnitt 3: Z. 48–52: Der Lehrer unterbricht Roy
Abschnitt 4: Z. 53–62: Roy erklärt, wie aktuell das Problem ist
Abschnitt 5: Z. 63–89: Diskussion in der Klasse und Roys Appell

32 *Mögliche Zusammenfassung:*
Roy erzählt seiner Klasse von den Eulen und dem geplanten Restaurant. Der Lehrer findet, dass das Thema nicht in die Diskussionsrunde passt. Roy macht ihm und seinen Mitschülern klar, wie aktuell das Thema ist. Er erklärt, dass die Baufahrzeuge die Eulen entweder vertreiben oder töten werden. Die Schüler sind betroffen und beginnen zu diskutieren. Roy erzählt ihnen, was er dagegen unternehmen wird und was sie alle dagegen tun können.

Seite 24

1 b) *Möglicher erster Eindruck:*
Jana ist auffällig und bunt gekleidet.
Sie wirkt fröhlich.

2 b) Die Einleitung gibt Auskunft über *das Geschlecht der Person,* über *ihr Alter* und *ihre Figur.*

Seite 25

3 b) *Du solltest angekreuzt haben:*
offener Blick, lange Haare, freundlich blickende Augen, ovales Gesicht, lächelnder Mund, glattes Haar

4 Jana hat *dunkelblondes, glattes* Haar, sie trägt es lang. Janas Gesicht ist *oval.* Ihre Augen blicken *freundlich.* Sie lächelt breit und man sieht *ihre weißen Zähne.* Jana hat einen *offenen* Blick.

5

Kleidung allgemein	bunt, farbenfroh, knapp anliegend, eng, gestrickt, geringelt
Kopfbedeckung	grüner, runder, topfförmiger Hut mit kleiner Krempe
Oberbekleidung	enger, langärmliger, bunt geringelter, gestrickter Pullover
Rock/Strümpfe	blauer, verwaschener, enger, kurzer Jeans-Rock mit fransigem Saum; lange, bunt geringelte Strümpfe (Overknees)
Schuhe/Stiefel	schwarze Cowboystiefel mit weißem Muster am Schaft
Accessoires/ modisches Zubehör	grüner Gürtel mit großer Schnalle

6 Janas Kleidung ist farbenfroh. Jana kleidet sich farbenfroh.
Sie hat einen einfarbigen Hut auf. Sie trägt einen einfarbigen Hut.
Jana hat einen langärmligen, gestreiften Pullover und einen kurzen, einfarbigen Jeans-Rock an. Jana trägt einen langärmligen, gestreiften Pullover und einen kurzen, einfarbigen Jeans-Rock.
Der Rock ist fransig. Der Rock ist am Saum mit Fransen versehen.
Auffällig sind die bunten Ringelstrümpfe von Jana. Die bunten Ringelstrümpfe von Jana passen zu dem gestreiften Pullover.
An den Füßen hat sie Cowboystiefel an. Ihre Füße stecken in Cowboystiefeln.
Das einzige Accessoire ist ein Gürtel, den Jana um die Taille hat. Als einziges Accessoire trägt Jana einen Gürtel, der um ihre Taille liegt.

Seite 27

8 *Mögliche Einleitung:*
Der Junge namens Metin ist zwischen 16 und 17 Jahre alt. Er ist mittelgroß und schlank.

9 *Möglicher Hauptteil:*
Seine Haare sind nicht zu sehen, da er ein weißes Tuch darum geknotet hat. Metins Gesicht ist wohl geformt. Unter den geschwungenen Augenbrauen sieht man freundliche Augen. Seine Nase ist schmal und leicht gebogen. Schwarze Koteletten begrenzen seine Wangen. Metin lächelt und zeigt einen fröhlichen Gesichtsausdruck. Er kleidet sich lässig und sportlich. Er trägt ein langärmliges weißes Hemd und eine hellbraune, weite Cargo-Hose. Das Hemd fällt ihm locker und mit Knitterfalten bis über die Hüften, die Ärmel sind aufgeknöpft. Die Hose weist viele Taschen auf. Metins Füße stecken in weißen Turnschuhen mit je fünf schwarzen Streifen an den Seiten. Als Accessoire trägt er am linken Arm eine silberfarbene Uhr oder Kette.

Seite 28

2 a) *Möglicher erster Eindruck:*
In dem Zeitungsartikel erklärt ein Vater, warum seine Kinder nicht ins Internet dürfen.

b) *Mögliche Antwort:*
Der Vater ist der Meinung, dass die Kinder niemanden mehr kennen lernen, wenn sie viel am Computer sitzen. Sie sollten lieber draußen mit anderen spielen.

Seite 29

3 b) Diese Reihenfolge ist richtig: 1 F, 2 G, 3 E, 4 C, 5 B, 6 D, 7 H, 8 A.

4 A Betreffzeile: 1
B Einleitung: 2, 3
C Hauptteil: 4, 5, 6
D Schluss: 7
E Absender: 8

Seite 30

5

Videoportale:	These:	Videoportal ist für junge Leute cooler als das Fernsehen
	Argument:	Man kann private Beiträge einstellen
Online-Communitys:	These:	Communitys sind tolle Möglichkeit, Kontakte zu knüpfen
	Argument:	auf SchülerVZ kann man Freunde treffen

6 *Mögliche Beispiele und Gewichtung:*
(8) kein schlechter Einfluss ... : Nicht jeder, der gewalttätige Computerspiele (z. B. Ego-Shooter) spielt, wird automatisch zum Amokläufer.
(7) Rückzug aus dem Leben ... : Auch am PC hat man viele verschiedene Möglichkeiten, mit anderen zusammen zu spielen.
(5) Entspannung durch PC-Spiele: Bei einem PC-Spiel kann ich den Stress in der Schule vergessen und meinen Kopf frei machen.
(3) Lernmöglichkeiten durch PC-Spiele: Es gibt viele Spiele, die Wissen mit Unterhaltung und Spielspaß verbinden.
(6) aktive und kreative Mitgestaltung ... : Man kann Videos aufnehmen, z. B. davon, wie man ein Instrument spielt oder singt, und sie bei YouTube einstellen. Darüber kann man sich dann mit den anderen Benutzern austauschen.

(4) klare Regeln schützen ... : Wenn man z. B. in der Community nicht seinen vollen Namen, die Adresse und die Telefonnummer angibt, bleibt das Risiko gering.
(2) Übung im Umgang mit dem Computer: Durch das Chatten, Spielen und Surfen im Internet lernt man die Möglichkeiten des Computers besser kennen.
(1) Computer als Bestandteil unserer Zeit: Es gibt kaum eine Arbeit, die ganz ohne Computer gemacht wird. Man kann z. B. Referate und Hausaufgaben am Computer schreiben und im Internet nach Informationen suchen.

Seite 31

7 *Mögliche Auswahl und geeignete Ausdrücke:*

Lernmöglichkeiten durch PC-Spiele: Es gibt viele Spiele, die Wissen mit Unterhaltung und Spielspaß verbinden.	Als Erstes denn
Übung im Umgang mit dem Computer: Durch das Chatten, Spielen und Surfen im Internet lernt man die Möglichkeiten des Computers besser kennen.	Zweitens weil
Computer als Bestandteil unserer Zeit: Es gibt kaum eine Arbeit, die ganz ohne Computer gemacht wird. Man kann z. B. Referate und Hausaufgaben am Computer schreiben und im Internet nach Informationen suchen.	Alles in allem sodass

8 *Mögliche Zusammenfassung:*
Ich finde, dass man heutzutage nicht mehr auf Computer und Internet verzichten kann. Deshalb sollten Eltern ihren Kindern den Umgang damit erlauben.

Seite 32

9 *Möglicher Leserbrief:*
Betreffzeile: Artikel von Heiner Evers, „Ich bleibe hart!"
Einleitung: Heiner Evers verbietet seinen Kindern Computer und Internet. Er glaubt, dass beides ihnen schadet und dass sie dadurch „kontaktscheu" werden. Im Gegensatz dazu bin ich der Meinung, dass Computer und Internet für jeden gut und nützlich sind.
Hauptteil: Als Erstes kann man am PC eine Menge lernen, denn es gibt z. B. viele Spiele, die Wissen mit Unterhaltung und Spielspaß verbinden. Zweitens bekommt man durch das Internet Übung im Umgang mit dem Computer, weil man durch das Chatten, Spielen und Surfen die Möglichkeiten des Rechners besser kennen lernt. Das ist sehr wichtig, denn alles in allem sind Computer einfach ein Bestandteil unserer Zeit, sodass es heute kaum eine Arbeit gibt, die ganz ohne Computer gemacht wird. Ich schreibe z. B. Referate und Hausaufgaben am Computer und suche im Internet nach Informationen dafür.
Schluss: Ich finde, dass man heutzutage nicht mehr auf Computer und Internet verzichten kann. Deshalb sollten Eltern ihren Kindern den Umgang damit erlauben.
Absender (Name, Alter, Beruf/Tätigkeit, Wohnort): An diese Stelle hast du bestimmt deinen Namen, dein Alter, deine Tätigkeit (Schüler/Schülerin) und deinen Wohnort geschrieben.

Seite 33

1 In dem Text geht es um Piraten, ihr Leben und ihre Kaperfahrten.

Seite 34

2 *2. Schritt: Mögliche unbekannte Wörter und ihre Bedeutung:*
kapern (Z. 11) = Schiffe übernehmen und ausrauben; Lizenz (Z. 14) = Erlaubnis, Genehmigung; finanzieren (Z. 33) = Geld für etwas zur Verfügung stellen, etwas bezahlen; auf eigene Rechnung (Z. 42/43) = nur für sich, unabhängig; Risiko (Z. 46) = Gefahr, Unsicherheit; Karibik (Z. 53) = Region im westlichen Teil

des Atlantischen Ozeans, östlich von Mittelamerika und nördlich von Südamerika; flachbordig (Z. 53/54) = Boot mit niedrigen Seitenteilen; seicht (Z. 58) = flach, nicht tief; Taktik (Z. 59/60) = Vorgehensweise, Plan; Horn von Afrika (Z. 61) = Bezeichnung für den östlichsten, keilförmigen Teil von Ostafrika, Länder: Somalia, Äthiopien, Eritrea, Dschibuti; Straße von Malakka (Z. 62) = Meeresstraße in Südostasien zwischen der Insel Sumatra und Singapur; Parole (Z. 69) = Wahlspruch; Symbol (Z. 70) = Erkennungszeichen; Version (Z. 71) = Ausführung; Lunte (Z. 85) = Zündschnur; Kumpan (Z. 87) = Kamerad, Gefährte; Plantage (Z. 88) = landwirtschaftlicher Betrieb in tropischen Ländern; Barbados (Z. 88/89) = Insel im Atlantischen Ozean; Friedensrichter (Z. 91) = Richter für weniger wichtige Rechtsstreitigkeiten

3. Schritt: Mögliche W-Fragen und Antworten:
Wer betrieb Seeräuberei? Engländer, Niederländer, Franzosen, Francis Drake, Kapitän Schwarzbart, Stede Bonnet, Dampiers
Wer finanzierte Francis Drakes Kaperfahrt und teilte die Beute unter sich auf? die englische Königin und reiche Kaufleute
Wer war der Pirat Stede Bonnet? Sohn eines Plantagenbesitzers auf Barbados, ehemaliger Friedensrichter
Wer war Kapitän Schwarzbart? berühmter Pirat im 18. Jahrhundert, hieß eigentlich Edward Teach
Was geschah 1579? Francis Drake kaperte ein spanisches Schiff voller Schätze.
Was ist der Wahlspruch der Piraten? „Ein glückliches und kurzes Leben“
Wann begann das Goldene Zeitalter der Piraten? im 16. Jahrhundert, nach der Entdeckung Amerikas
Wann fand Francis Drakes berühmte Kaperfahrt statt? von 1577 bis 1580
Wann wurden 469 Piraten-Überfälle gezählt? im Jahr 1999
Wo schlugen die Piraten zu? an der Küste Amerikas, in der Karibik, in Panama
Wo gibt es heute noch Piraten? am Horn von Afrika und in der Straße von Malakka
Warum hatten Piraten Totenkopf-Flaggen? Die Flaggen sollten Angst und Schrecken verbreiten.
Wie griffen die Piraten Schiffe an? in flachbordigen Booten von hinten, damit die Kanonen der Schiffe nicht auf sie schießen konnten
Welche Folgen hatte das Leben als Pirat? Piraten wurden nicht alt und starben gewaltsam.

4. Schritt: Schlüsselwörter:
Seeräuber, 16. Jahrhundert, Amerika, Schiffe, Schätzen, beladen, Jagd, spanische Frachtsegler, königliche Erlaubnis, Freibeuter, Francis Drake, Beute, 100 Millionen Euro, Reiche Kaufleute, englische Königin, teilten, Risiko, Karibik, Überrumpelungstaktik, heute, Schnellbooten, Frachtschiffe, 469 Überfälle, Problem, Handelsschifffahrt, Totenkopf-Flagge, einschüchtern, Kapitän Schwarzbart, Einschüchterung, 300 Männer, Anblick, schrecklich, zwanzig, dreißig Jahre, gewaltsam, kurzen, Piratenleben, Piratenschätze, Meer, versunken

5. Schritt: Sinnabschnitte und mögliche Zwischenüberschriften:
Abschnitt 1: Z. 1–14: Das goldene Zeitalter der Seeräuber
Abschnitt 2: Z. 15–30: Francis Drakes erfolgreiche Kaperfahrt 1577–1580
Abschnitt 3: Z. 31–41: Aufteilung der Beute
Abschnitt 4: Z. 42–47: Höherer Lohn für selbstständige Piraten
Abschnitt 5: Z. 48–67: Die Angriffstaktik der Piraten
Abschnitt 6: Z. 68–92: Berühmte Piraten
Abschnitt 7: Z. 93–99: Kurzes Leben, gewaltsamer Tod
Abschnitt 8: Z. 100–108: Suche nach Piratenschätzen

3 Abschnitt 2: Francis Drake, Engländer, große Kaperfahrt 1577–1580, raubte Schiffe und Hafenstädte aus, 1579 kaperte er spanisches Schiff voller Schätze, Rückkehr nach England, Beute über 100 Millionen Euro wert
Abschnitt 3: Geldgeber forderten Anteil, englische Kaufleute und Königin teilten Beute unter sich auf, Drakes Mannschaft bekam wenig Lohn
Abschnitt 4: Piraten ohne Geldgeber = mehr Lohn, eigene Gesetze
Abschnitt 5: Überfälle gefährlich, Piraten bauten besondere Schiffe, Angriff von hinten, Flucht in flaches Wasser, heute auch noch Piraten, greifen in Schnellbooten Frachtschiffe an

Abschnitt 6: Berühmte Piraten waren Kapitän Schwarzbart (selbstständiger Freibeuter mit 300 Männern, einschüchterndes Aussehen), Schwarzbarts Freund Stede Bonnet (ehemaliger Friedensrichter)
Abschnitt 7: Die meisten Piraten starben gewaltsam im Alter zwischen 20 und 30 Jahren
Abschnitt 8: Piraten vergruben Schätze nicht auf Inseln, gingen mit Beute unter, also muss man im Meer danach suchen

Seite 35

4 In dem Text „Piraten – vom wilden Leben der Seeräuber" von Ulrich Baron geht es um Piraten, ihr Leben und ihre Kaperfahrten.

5 b) *Mögliche gekürzte Fassungen:*
(2) Der Engländer Francis Drake unternimmt von 1577 bis 1580 eine große Kaperfahrt. Dabei raubt er Küstenstädte und ein spanisches Schiff aus, das voll mit Schätzen ist. Bei seiner Rückkehr nach England hat die Beute einen Wert von umgerechnet über 100 Millionen Euro.
(3) Die englische Königin und einige Kaufleute teilen die Beute unter sich auf, denn sie haben Drake das Geld für die Fahrt gegeben. Für Drake selbst und seine Mannschaft bleibt nicht viel übrig.

Seite 36

6 *Mögliche Verbesserung:*
(4) Für Piraten ist es also vorteilhafter, keine Geldgeber zu haben, denn dann können sie nach eigenen Regeln handeln und die Beute behalten.

7 *Mögliche Zusammenfassungen:*
(5) Die Überfälle sind für die Piraten selbst gefährlich, deshalb bauen sie besondere Schiffe, mit denen sie von hinten angreifen und notfalls in flacheres Wasser flüchten können. So ähnlich arbeiten heute auch moderne Seeräuber, die Frachtschiffe mit Schnellbooten überfallen.
(6) Berühmte Piraten des 18. Jahrhunderts sind Kapitän Schwarzbart und sein Gefährte Stede Bonnet. Schwarzbart sieht furchterregend aus und befiehlt über 300 Männer. Bonnet kommt aus gutem Haus und ist Friedensrichter, gibt aber alles auf, um Seeräuber zu werden.
(7) Das Leben eines Piraten ist in der Regel sehr kurz und endet gewaltsam.
(8) Piratenschätze lassen sich eher auf dem Meeresgrund als auf Inseln entdecken, denn viele Piraten gingen mit ihrer Beute unter.

8 *Mögliche vollständige Inhaltsangabe:*
In dem Text „Piraten – vom wilden Leben der Seeräuber" von Ulrich Baron geht es um Piraten, ihr Leben und ihre Kaperfahrten.
Nach der Entdeckung Amerikas und seiner Schätze beginnt das Goldene Zeitalter der Piraten. Um an die Schätze zu kommen, die die Spanier auf ihren Schiffen von Amerika nach Europa transportieren, beginnen die Piraten, diese Schiffe zu kapern. Manchmal haben sie dazu sogar eine Erlaubnis des Staates. Der Engländer Francis Drake unternimmt von 1577 bis 1580 eine große Kaperfahrt. Dabei raubt er Küstenstädte und ein spanisches Schiff aus, das voll mit Schätzen ist. Bei seiner Rückkehr nach England hat die Beute einen Wert von umgerechnet über 100 Millionen Euro. Die englische Königin und einige Kaufleute teilen diese Beute unter sich auf, denn sie haben Drake das Geld für die Fahrt gegeben. Für Drake selbst und seine Mannschaft bleibt nicht viel übrig. Für Piraten ist es daher vorteilhafter, keine Geldgeber zu haben, denn dann können sie nach eigenen Regeln handeln und die Beute behalten. Die Überfälle der Piraten sind auch für sie selbst gefährlich, deshalb bauen sie besondere Schiffe, mit denen sie von hinten angreifen und notfalls in flacheres Wasser flüchten können. So ähnlich arbeiten heute auch moderne Seeräuber, die Frachtschiffe mit Schnellbooten überfallen.
Berühmte Piraten des 18. Jahrhunderts sind Kapitän Schwarzbart und sein Gefährte Stede Bonnet. Schwarzbart sieht furchterregend aus und befiehlt über 300 Männer. Bonnet kommt aus gutem Haus und ist Friedensrichter, gibt aber alles auf, um Seeräuber zu werden. Ein Piratenleben ist jedoch in der

Regel sehr kurz und endet gewaltsam. Da viele Piraten mit ihrer Beute untergingen, lassen sich Piratenschätze eher auf dem Meeresgrund als auf Inseln entdecken.

Seite 37

1 In der Kalendergeschichte geht es um zwei verfeindete Gastwirte, denen ein Gast einen Streich spielt.

Seite 38

2 b) *Mögliche unbekannte Wörter und ihre Bedeutung:*
freilich (Z. 10) = allerdings; abgeschliffener Sechser (Z. 14) = abgenutzte Geldmünze; Taler (Z. 17) = Geldmünze, viel mehr wert als ein Sechser; nicht weit her (Z. 23) = nichts Besonderes; unbekümmertes Gemüt (Z. 24/25) = Gleichgültigkeit, sorgenfreie Verfassung; durchtriebener Schalk (Z. 27) = gerissener Schlingel; Vierundzwanzigkreuzerstück (Z. 30/31) = Geldmünze; Brotneid (Z. 35) = Neid auf die Arbeit, den Verdienst oder die Nahrung eines anderen; Tort und Schimpf (Z. 36/37) = Kränkung, Beleidigung, Unrecht; hintergangen (Z. 46) = betrogen; ausgesöhnt (Z. 51) = sich wieder vertragen; verzehrt (Z. 53) = hier: zerstört, vernichtet

3 **Wer** ist am Geschehen beteiligt? *Der Löwenwirt, ein gut angezogener Gast und der Bärenwirt sind am Geschehen beteiligt.* (Z. 3, 5, 35)

Ein Gast kommt zum Löwenwirt.	*Der Gast bestellt, isst und bezahlt zu wenig Geld.*	*Der Wirt protestiert, es stellt sich heraus, dass der Gast ihm einen Streich gespielt hat.*	*Der Wirt schenkt dem Gast das Essen und Geld. Dafür soll er seinem Feind, dem Bärenwirt, denselben Streich spielen.*	*Der Gast erklärt, schon beim Bärenwirt gewesen zu sein, dieser habe ihn hergeschickt.*

Seite 39

4 „Morgenstund hat Gold im Mund.“ (5)
„Die Sonne bringt es an den Tag.“ (4)
„Es ist nicht alles Gold, was glänzt.“ (2)
„Jeder ist seines Glückes Schmied.“ (3)
„Ein gebranntes Kind scheut das Feuer.“ (1)

5 *Mögliche Erklärung:*
Wer einem anderen Schaden zufügt, schadet sich damit oft selbst. Es ist gefährlich, jemandem eine Falle zu stellen, weil man selbst hineintappen kann.

6 *Mögliche Formulierung:*
Wenn Menschen einander beneiden und sich streiten, schaden sie sich und anderen. Wenn sie sich vertragen und nett zueinander sind, haben sie ein viel schöneres Leben.

Seite 40

7 In der Geschichte zeigt Johann Peter Hebel, dass Neid und Missgunst zwischen zwei Menschen dazu führen können, dass sie sich nur auf ihren Streit konzentrieren und gar nicht merken, wenn sie von einem dritten betrogen werden.

8 A Titel, Autor, Textsorte, Erscheinungszeit nennen, Thema: Folgen von Neid und Feindschaft zwischen zwei Menschen, ein dritter profitiert davon

B Titel, Autor, Textsorte, Erscheinungszeit nennen, Thema: zwei Menschen sind neidisch aufeinander und merken deshalb nicht, dass ein dritter sie betrügt

C Erscheinungszeit nennen, Thema: Wenn zwei sich streiten, profitiert ein Dritter davon

Seite 41

9 *Möglicher Einleitungssatz:*
Die Kalendergeschichte „Das wohlfeile Mittagessen“ von Johann Peter Hebel (erschienen 1811) zeigt, dass Neid und Missgunst zwischen zwei Menschen dazu führen können, dass beide von einem dritten betrogen werden.

10 a) + b) A Die Geschichte spielt zu Beginn des 19. Jahrhunderts in einer kleinen Stadt in Deutschland, die namenlos bleibt. Am Anfang der Geschichte betritt ein superreicher und frecher Gast das Wirtshaus des Löwenwirts in einem gewissen Städtlein.
Die Geschichte spielt zu Beginn des 19. Jahrhunderts in einer kleinen Stadt in Deutschland, die namenlos bleibt. Ein Gast betritt das Wirtshaus des Löwenwirts.

B Da er einen megamäßigen Hunger hat, ordert er sofort eine gute Fleischsuppe für sein Geld.
Er ordert eine Fleischsuppe für sein Geld.

C Doch damit nicht genug. Er will auch noch unbedingt Rindfleisch und Gemüse für sein Geld.
Er will auch Rindfleisch und Gemüse.

D Und weil er gern zum Essen einen guten Tropfen trinkt, bestellt er zu dem üppigen Essen auch noch einen riesigen Krug Wein.
Er bestellt zum Essen auch noch Wein.

c) *Mögliche Zusammenfassung:*
Die Geschichte spielt Anfang des 19. Jahrhunderts in einer namenlosen deutschen Kleinstadt. Ein Gast betritt das Wirtshaus des Löwenwirts und bestellt Fleischsuppe, Rindfleisch, Gemüse und Wein für sein Geld.

Seite 42

11 Aber das Beste kommt noch. Der Wirt erwidert, dass der Gast ein durchtriebener Schalk *sei* und wohl etwas anderes verdient *habe.* Dann betonte er, er *schenke* dem Gast das Mittagessen trotzdem und *gebe* noch ein Vierundzwanzigkreuzerstück dazu. Weiterhin bittet der Wirt den Gast um dreierlei: erstens *sei er stille zur Sache,* zweitens *gehe er zu seinem Nachbarn, dem Bärenwirt,* und drittens *mache er es diesem ebenso.*

Aber der schlaue Gast sagt, dass er *bei seinem Nachbarn, dem Herrn Bärenwirt, schon gewesen sei, und ebender ihn zum Löwenwirt geschickt habe.*

12 Nachdem der Gast sich geweigert hat, dem Löwenwirt den geforderten Taler zu zahlen, hat der Löwenwirt eine Idee. Er schenkte dem Gast das Mittagessen und sogar noch Geld dazu. Aber der Wirt stellte auch eine Forderung an den Gast. Nun erwies sich der Gast als sehr listig. Er nahm nämlich das Geld und ging zur Tür. Beim Herausgehen teilte er dem Löwenwirt noch mit, dass er zuvor schon beim Bärenwirt war. Deshalb hatte der betrogene Bärenwirt ihn zum Löwenwirt geschickt.

Als der Gast sich weigert, ... Er schenkt ... Aber der Wirt stellt ... Nun erweist sich ... Er nimmt ... und geht ... Beim Herausgehen teilt ..., dass er zuvor schon beim Bärenwirt gewesen sei. Deshalb habe ... geschickt.

Seite 43

13 *Möglicher Schlussteil:*
Johann Peter Hebel möchte mit der Kalendergeschichte eine Warnung aussprechen: Menschen, die einem anderen nichts gönnen und ihm schaden wollen, schaden in erster Linie sich selbst. Wenn zwei sich streiten, merken sie nicht, dass ein Dritter sie ausnutzt. Deshalb sollte man sich vertragen und im Frieden mit anderen leben.

14 *Mögliche Zusammenfassung:*
Die Kalendergeschichte „Das wohlfeile Mittagessen" von Johann Peter Hebel (erschienen 1811) zeigt, dass Neid und Missgunst zwischen zwei Menschen dazu führen können, dass beide von einem dritten betrogen werden.
Die Geschichte spielt Anfang des 19. Jahrhunderts in einer namenlosen deutschen Kleinstadt. Ein Gast betritt das Wirtshaus des Löwenwirts und bestellt Fleischsuppe, Rindfleisch, Gemüse und Wein für sein Geld. Er zahlt mit einer kleinen Münze. Als der Wirt protestiert und einen Taler verlangt, sagt der Gast, er habe nicht für einen Taler, sondern für sein Geld Essen bestellt. Es sei die Schuld des Wirts, wenn dieser ihm mehr gegeben habe. Da hat der Löwenwirt eine Idee – er schenkt dem Gast das Essen, gibt ihm noch Geld dazu und fordert ihn auf, dem Bärenwirt, mit dem er verfeindet ist, denselben Streich zu spielen. Der Gast nimmt das Geld und erklärt beim Hinausgehen, er sei schon beim Bärenwirt gewesen, dieser habe ihn hergeschickt.

Johann Peter Hebel möchte mit der Kalendergeschichte eine Warnung aussprechen: Menschen, die einem anderen nichts gönnen und ihm schaden wollen, schaden in erster Linie sich selbst. Wenn zwei sich streiten, merken sie nicht, dass ein Dritter sie ausnutzt. Deshalb sollte man sich vertragen und im Frieden mit anderen leben.

Seite 44

2 b) *Richtig ist:*
Die Fantasiewörter werden von allen gleich gelesen, wenn man deutlich in Silben liest.

3 Win ter ster nen bil der, Schwei ne bors ten bürs ten, Sau er kraut sa lat,
Ge schwis ter strei te rei en

4 Wein es sig, Klap per schlan gen, Dop pel kon so nan ten, But ter bro te,
Som mer son ne, Mit ter nacht, Zit ter pap pel, Wet ter vor her sa ge

5 Bac ken hörn chen, Kat zen tat zen, Zuc ker zu sät ze
Lec ker schmec ker, Dach dec ker, Ma trat zen rit ze

Seite 45

6 a) mei den, hin ken, der Bal ken, die Mei se, den ken, die Ros te, die Fal ken,
wol len, der Flü gel, die Far be, wei len, schwim men, zel ten, re den,
wel ken, zeich nen, der Sen der, stre ben, guc ken, hal ten, klei den, klet tern,
klat schen, blei ben

b) + c)

erste Silbe offen	erste Silbe geschlossen
mei den, die Mei se, der Flü gel, wei len, re den, stre ben, klei den, blei ben	hin ken, der Bal ken, den ken, die Ros te, die Fal ken, wol len, die Far be, schwim men, zel ten, wel ken, zeich nen, der Sen der, guc ken, hal ten, klet tern, klat schen

7 Win ter sal lat – Wintersalat, Un ter li pen – Unterlippen

Pir ra ten hut fe der – Piratenhutfeder,

Re gn was ser far be – Regenwasserfarbe

Hun de schli ten ge spa ne – Hundeschlittengespanne

Sau er kir chen bäu me – Sauerkirschenbäume

Fe der kern ma trt ze – Federkernmatratze

Tu sche zeich un gen – Tuschezeichnungen

8 Die Aussagen A, B und C treffen zu, D trifft nicht zu.

Seite 46

1 die Schäume, denn der Schaum; ängstlich, denn die Angst; läuten, denn laut

2 a)

S	T	R	Ä	U	C	H	E	R	I	S	A	D	J	E	K
Z	Ä	U	N	E	G	X	Y	Ä	G	V	R	G	P	Q	Ä
Q	N	T	R	W	P	U	J	T	R	Ä	U	M	E	M	U
U	Z	Ä	H	N	E	N	C	S	Ä	X	H	O	K	T	Z
G	E	U	Ä	Ä	Ä	S	T	E	S	Ä	F	T	E	F	C
W	L	B	H	S	Q	Ä	W	L	E	X	Z	W	T	A	H
N	N	C	N	S	K	G	F	K	R	Ä	N	Z	E	G	E
M	J	H	E	E	Ü	L	K	I	Ö	P	Ä	Y	C	R	N
Z	S	E	W	Y	C	I	R	Ä	U	C	H	E	R	N	Y
Y	Ö	N	M	B	Y	C	G	W	G	Q	E	X	Q	K	L
S	B	K	B	M	R	H	Ä	S	S	L	I	C	H	W	Ä
A	U	F	R	Ä	U	M	E	N	B	R	B	Z	R	I	U
X	W	Ü	I	U	Q	W	Ä	P	X	Y	M	S	W	Y	T
E	J	O	C	S	F	V	E	R	S	Ä	U	M	E	N	E
T	L	G	B	E	K	B	Ö	M	Q	Ü	G	X	B	G	N

b) **Wörter mit ä:** die Zähne – der Zahn, die Äste – der Ast, die Säfte – der Saft, die Kränze – der Kranz, hässlich – hassen, tänzeln – tanzen, die Hähne – der Hahn, die Nässe – nass, unsäglich – sagen, das Rätsel – raten, die Gräser – das Gras, die Nähe – nah

Wörter mit äu: die Sträucher – der Strauch, die Zäune – der Zaun, die Träume – der Traum, räuchern – der Rauch, aufräumen – der Raum, versäumen – der Saum, das Täubchen – die Taube, die Mäuse – die Maus, das Käuzchen – der Kauz, läuten – laut

3 zahm – zähmen, blau – bläulich, warm – die Wärme, rauben – der Raub / der Räuber, Schwarm – schwärmen / umschwärmt, laufen – der Läufer

4 kemmen – kämmen (der Kamm), glenzen – glänzen (der Glanz), Erklerung – Erklärung (klar), heuten – häuten (die Haut), Reume – Räume (der Raum), Deumling – Däumling (der Daumen)

Seite 47

1 b) + c) der Verband – die Verbände, der Gepard – die Geparden, der Anzug – die Anzüge, der Gewinn – die Gewinne, der Zufall – die Zufälle, das Programm – die Programme

d) der Herd – die Herde, die Burg – die Burgen, das Band – die Bänder, schnell – schneller, komm – kommen, hell – heller

e) Tipp: Verlängern hilft bei unklaren Stellen am *Wortende.*
Verlängern hilft bei Wörtern mit *einer* Silbe.

2 die Wal ze, der Tag, der An fall, die Scheu ne, der Wind, der Zweig, das Kind, die Schul ter, der Mann, das Ge bell, die Mut ter, dünn, der Er folg, dumm, taub, schrei en, das Ge röll, die Leu te, blind, schreibt, kom men, der Kuss, der Freund, der Stand, der Aus blick, der Ver band, ru fen, blöd, der Kö nig, nen nen, der Zoll, der Ho nig, schwim men, das Ein rad, die Wol ke

3

schwingen	**verlängern**	
	Zweisilber	**Einsilber**
die Walze, die Scheune, die Schule, die Mutter, schreien, die Leute, kommen, rufen, nennen, schwimmen, die Wolke	der Anfall – die Anfälle, das Gebell – das Gebelle, der Erfolg – die Erfolge, das Geröll – die Gerölle, der Ausblick – die Ausblicke, der Verband – die Verbände, der König – die Könige, der Honig – die Honige, das Einrad – die Einräder	der Tag – die Tage, der Wind – die Winde, der Zweig – die Zweige, das Kind – die Kinder, der Mann – die Männer, dünn – dünner, dumm – dümmer, lieb – lieber, rund – runder, schreibt – schreiben, der Kuss – die Küsse, der Freund – die Freunde, der Stand – die Stände, blöd – blöder, der Zoll – die Zölle

Seite 48

4

b	d	g	Doppelkonsonant
der Hieb, der Korb, der Leib	das Rad, rund, gesund, der Wald, der Sand, das Band	der Weg, siegt, ragt, klug, fleißig, der Vertrag	schwimmt, die Null, still, klirrt, hofft, der Wall, das Brett, der Damm, das Gespann, der Pfiff, kennt, der Ball, der Kamm, hell, bellt, der Zufall, knurrt, will, nennt, schlapp, platt, rollt, der Mann

5

Nomen	Verben	Adjektive
die Null – die Nullen, das Rad – die Räder, der Weg – die Wege, der Hieb – die Hiebe, der Wall – die Wälle, das Brett – die Bretter, der Damm – die Dämme, das Gespann – die Gespanne, der Pfiff – die Pfiffe, der Ball – die Bälle, der Kamm – die Kämme, der Zufall – die Zufälle, der Wald – die Wälder, der Sand – die Sande, das Band – die Bänder, der Korb – die Körbe, der Vertrag – die Verträge, der Leib – die Leiber, der Mann – die Männer, der Tag – die Tage, der Anfall – die Anfälle, der Wind – die Winde, der Zweig – die Zweige, das Kind – die Kinder, der Mann – die Männer, das Gebell – das Gebelle, der Erfolg – die Erfolge, das Geröll – die Gerölle, der Kuss – die Küsse, der Freund – die Freunde, der Stand – die Stände, der Ausblick – die Ausblicke, der Verband – die Verbände, der König – die Könige, der Zoll – die Zölle, der Honig – die Honige, das Einrad – die Einräder	schwimmt – schwimmen, klirrt – klirren, siegt – siegen, hofft – hoffen, ragt – ragen, kennt – kennen, bellt – bellen, knurrt – knurren, will – wollen, nennt – nennen, rollt – rollen, schreibt – schreiben	still – stiller als, klug – klüger als, rund – runder als, fleißig – fleißiger als, gesund – gesünder als, hell – heller als, schlapp – schlapper als, platt – platter als, dünn – dünner als, dumm – dümmer als, lieb – lieber als, rund – runder als, blöd – blöder als

6

Der Bal flok knap am Tor vorbei. *der Ball – die Bäl le, flog – flo gen, knapp – knap per als*

sein Blik verfolkt ihn beim Abschiet. *der Blick – die Blic ke, verfolgt – ver fol gen, der Abschied – die Ab schie de*

Der Diep kamm mit der Beute nicht weit. *der Dieb – die Die be, kam – ka men*

Seite 49

1

a)–c) ob, wenn, dann, darum, heraus, und, knapp – knapper als, herein, wieso, denn, nirgends, ist, man, kurz – kürzer als, wer, bin, vielleicht, Tat – die Taten, irgend, deshalb, stets, Zug – die Züge, wann, ab, jetzt, bald, plötzlich, warum, trotzdem, aus

d) ab, aus, bald, bin, dann, darum, denn, deshalb, heraus, herein, irgend, ist, jetzt, man, nirgends, ob, plötzlich, stets, trotzdem, und, vielleicht, wann, warum, wenn, wer, wieso

2 a) die Achse, der See, die Büchse, der Teer, die Eidechse, der Luchs, das Moor, der Fuchs, wechseln, die Haxe, der Nachwuchs, die Lachse, das Meer, die Achsel, die Dachse, wachsen, kraxeln, der Ochse, sechs, der Schnee, die Hexe, der Tee, verwechseln, die Nixe

b) **Wörter mit x:** die Haxe, kraxeln, die Hexe, die Nixe
Wörter mit chs: die Achse, die Büchse, die Eidechse, der Luchs, der Fuchs, wechseln, der Nachwuchs, die Lachse, die Achsel, die Dachse, wachsen, der Ochse, sechs, verwechseln
Wörter mit Doppelvokalen: der See, der Teer, das Moor, das Meer, der Schnee, der Tee

3 b) Vaseline, Vase, Vulkan, Wrack, Volt, Vokabel, Workshop, Violine, Vitamine, Vatikan, Wuchs, Witwe, Viren, Villa, Vivaldi, Vietnam, Viktoria, Videotext, Vegetation, Venezuela, Wisent, Vogel, Volk, Viper

Seite 50

4 *Mögliche Wörter:*

Wörter mit ver-	Wörter mit vor-
verboten, der Verlust, verarbeiten, verkaufen, verdienen, verfahren, verlegen, verlieren, verarmen, verzweifeln, die Verzweiflung, verbrennen, verschlafen, verzwickt, vertauschen, vergessen, die Verteidigung, die Verstärkung, das Vertrauen, verstehen, das Verständnis, versorgen, die Versöhnung, die Versammlung, verpassen, die Verlobung, verlieben, vermischen, verlängern, verhandeln, vergraben, die Verantwortung, verändern, die Veranstaltung	vorsehen, die Vorboten, vorbestraft, vorbeugen, vorlaut, das Vorbild, das Vordach, vorfahren, vordrängeln, die Vorfahrt, der Vorfall, die Vorhänge, vorjammern, vorkommen, vorlassen, die Vorliebe, der Vormittag, vornehm, vorschieben, die Vorschrift, der Vorschuss, die Vorsicht, die Vorsorge, die Vorspeise, der Vorsprung, vorspringen, der Vorteil, das Vorurteil, vorgestern, vorwärmen, vorwärts, das Vorwort, der Vorwurf

5 a) *Richtige Antwort:* B Das **h** gehört zur zweiten Silbe.

b) *Richtige Antwort:* A Das **h** gehört zur ersten Silbe.

6 a) + b) die Zah len, äh neln, ge hen, fah ren, wäh rend, füh ren, dre hen, füh len, gäh nen, ste hen, boh ren, leh ren, neh men, ah nen, we hen, der Feh ler, die Fäh re, seh nen, oh ne, die Müh le, die Wah len, das Ge heim nis, die Nah rung, dro hen

c)

ah/äh	eh	oh/öh	uh/üh
die Zahlen, ähneln, fahren, während, gähnen, ahnen, die Fähre, die Wahlen, die Nahrung	lehren, nehmen, der Fehler, sehnen	bohren, ohne	führen, fühlen, die Mühle
die Bahn, kahl	sehr	hohl, das Ohr, wohl	

d) hohl – hoh ler als, geht – ge hen, das Ohr – die Oh ren,

die Bahn – die Bah nen, sehr, näht – nä hen, wohl – woh ler als,

kahl – kah ler als

Seite 51

1 die Os ter|ha sen – Ostern, die Hasen

der Scho ko la den|ni ko laus – die Schokolade, der Nikolaus

der Am sel|schna bel – die Amsel, der Schnabel

2 die Wüsten|renn|maus – rennen; der Kleb|stoff|rest – kleben, die Stoffe;
der Woll|pullover – die Wolle; die Sand|burg – die Sande, die Burgen;
der Weih|nachts|mann – weihen, die Männer

3 Wild|gans|winter|quartier, Hand|tuch|halter, Kamm|molch, Bananen|schale, Garten|zwerg|mütze, Kamel|karawane, Mofa|reparatur, Treib|netz|fang, Schau|fenster|puppe, Berg|wander|schuh, Tritt|sicherheit, Gelb|bauch|unken, Blind|darm|operation, Schub|laden|knopf, Nummern|schild, Sand|kasten|freund, Seiden|raupen|kokon, Schleuder|trauma, Klapp|rad|lenker, Raub|vogel|gehege

4

Wörter, die man schwingen kann	Wörter, die man zusätzlich verlängern muss
Kamel|karawane, Mofa|reparatur, Schau|fenster|puppe, Seiden|raupen|kokon, Schleuder|trauma	Hand|tuch|halter – die Hände; Kamm|molch – die Kämme; Garten|zwerg|mütze – die Zwerge; Treib|netz|fang – treiben, die Netze, fangen; Berg|wander|schuh – die Berge, die Schuhe; Tritt|sicherheit – die Tritte; Gelb|bauch|unken – gelber als; Blind|darm|operation – blinder als; Schub|laden|knopf – schieben; Nummern|schild – die Schilder; Sand|kasten|freund – die Sande, die Freunde; Klapp|rad|lenker – klappen, die Räder; Raub|vogel|gehege – rauben

Seite 52

5 ver|wund|bar – die Wunde, kind|lich – die Kinder, die Kind|heit – die Kinder,
freund|lich – die Freunde, die Un|freund|lich|keit – die Freunde

6 End verbraucher, End lauf, ent rümpeln, end lich, End moräne, End ausscheidung, End spurt, End lagerung, ent fernen, end los, End kontrolle, unend lich, End runde, end gültig, ent stauben

7 Verschlus|kappe – Verschlusskappe: die Schlüsse, die Verschlüsse; Ren|wagen – Rennwagen: rennen; Program|zeitung – Programmzeitung: die Programme; Bussart|feder – Bussardfeder: die Bussarde; Schlus|strich – Schlussstrich: die Schlüsse, die Striche; Klep|stof|entfernung – Klebstoffentfernung: kleben, die Stoffe

Seite 53

2

Es war einmal eine ziemlich lange
und sehr zerstreute Brillenschlange.
Vor allem war sie – das ist wichtig –
ganz ungewöhnlich stark kurzsichtig.
Als sie mal wieder (was häufig geschah)
ihre Brille hatte vergessen
(die sie ohne Brille natürlich nicht sah),
wollte sie trotzdem zu Abend essen.
Sie suchte herum, ob sie etwas fände,
und sie fand auch was: ihr anderes Ende!
Sie begann's zu verschlingen ganz unge-
hemmt;

es schmeckte ihr delikat – wenn auch fremd.
In der Mitte wurde ihr irgendwie so sonderbar
wie zuvor noch nie, doch weil sie nun schon
mal dabei war, machte sie sich über den eige-
nen Kopf auch noch her.
„Heut Abend wird's aber früh dunkel", dachte
sie, bald danach dachte sie gar nichts mehr.
Erst zum Schluss erwies es sich als vergeb-
lich, auch die eigenen Zähne noch abzuna-
gen, dann blieb ihr nichts mehr übrig (buch-
stäblich), als den Verlust ihrer selbst zu
beklagen.

3

↪	M	ʓ	ψ
wichtig, kurzsichtig, geschah, sah, wollte, Abend, fand, begann, schmeckte, fremd, wird, früh, bald, Schluss, blieb, übrig	sehr, ungewöhnlich, wieder, ihre, ohne, trotzdem, herum, wenn, ihr, irgendwie, zuvor, mehr, Zähne, dann, mehr, Verlust, ihrer	häufig, fände, buchstäblich	ungehemmt, vergeblich, buchstäblich

4 *Die Merkwörter sind:* ihre, ihr, ihrer.

Seite 54

1 + 2

erste Silbe offen	erste Silbe geschlossen
die Ro se, das We sen,	die Pum pe, die Wel ten, hal ten,
die Hü te, grei fen	die Knol le, die Son ne, bum meln

Regel 1: Verdoppelt wird **nicht**, wenn die erste Silbe *offen* ist.
Verdoppelt wird nur bei Wörtern, bei denen die erste Silbe *geschlossen* ist.

3

zel ten hel fen die For mel	die Wel len zap peln die Hal le
Ergebnis: Die erste Silbe ist geschlossen. An der Silbengrenze stehen zwei verschiedene Konsonanten.	Ergebnis: Die erste Silbe ist geschlossen. An der Silbengrenze stehen zwei gleiche Konsonanten.

Regel 2: Wenn die erste Silbe geschlossen ist, stehen an der Silbengrenze entweder zwei *verschiedene* oder zwei *gleiche* Konsonanten.

4 *Mögliche Wörter:*

zwei verschiedene Konsonanten	zwei gleiche Konsonanten/Doppelkonsonant
Doktor, altern, Ampel, Marder, Flanke, fordern, dunkel, Felsen, danken, Pendel	zittern, flattern, Grotte, Hölle, Karre, hämmern, schleppen, Motte, Kasse, mitten

Seite 55

5

erste Silbe offen	erste Silbe geschlossen	
	zwei verschiedene Konsonanten	zwei gleiche Konsonanten
klar – kla rer,	der Wald – die Wäl der,	der Schwamm – die Schwäm me,
grün – grü ner,	der Film – die Fil me,	der Knall – knal len,
klein – klei ner	alt – äl ter	der Mann – die Män ner

6 er woll|te| – wollen es klapp|te| – klappen er konn|te| – können
er soll|te| – sollen er muss|te| – müssen er ritt – wir ritten
er glitt – wir glitten

7 Schreck|gespenst – der Schrec ken, Kamm|molch|männ|chen| – die Käm me,
die Män ner, Tritt|sicher|heit| – die Tritte, Bücher|ruck|sack – der Rüc ken, die Säc ke

8 Bremms|klotz – Bremsklotz: brem sen, der Klotz

Bren|nessel – Brennnessel: bren nen, die Nessel

Seite 56

1 a) die Tas se, die Ro se, die Grö ße, pas sen, die Grü ße, fres sen, hei ßen,
das Mes ser, die Rei se, die Päs se, die Wei se, drau ßen

b)–d)

Wörter mit s	Wörter mit ß	Wörter mit ss
die Rose, die Reise, die Weise	die Größe, die Grüße, heißen, draußen	die Tasse, passen, fressen, das Messer, die Pässe
Die erste Silbe ist offen.	Die erste Silbe ist offen.	Die erste Silbe ist geschlossen.

2

Wörter mit s	Wörter mit ß
die Mei se, der Krei sel, der Be sen, lei se, die Ma sern, das We sen	die Stra ße, flie ßen, die Flö ße, rei ßen, wei ßer, hei ßen
Gemeinsamkeit: Die erste Silbe ist offen.	Gemeinsamkeit: Die erste Silbe ist offen.
Das **s** wird stimmhaft (summend) gesprochen.	Das **s** wird stimmlos (zischend) gesprochen.

3 der Besen, die Lose, außen, die Klöße, die Spieße, die Vase, die Sträuße, mäßig, fleißig, die Gräser

Seite 57

4

fra ßen, au ßen, spa ßen, flei ßig, ru ßen, bei ßen, rei ßen, schlie ßen	es sen, wis sen, pas sen, die Flos se, mes sen, küs sen, die Ris se, das Kis sen,
Das **ß** wird stimmlos (zischend) gesprochen.	Das **ss** wird stimmlos (zischend) gesprochen.
Die erste Silbe ist offen.	Die erste Silbe ist geschlossen.

5 er frisst – fres sen, er lässt – las sen, er saust – sau sen,
die Maus – die Mäu se, heiß – hei ßer als, der Preis – die Prei se,
der Fleiß – flei ßig, das Gas – die Ga se, der Fuß – die Fü ße

6 die Mess|latte – mes sen, der Fass|anstich – die Fäs ser, der Haus|anstrich –
die Häu ser, die Maß|anfertigung – die Ma ße, das Schweiß|band – schwei ßig,
der Fress|napf – fres sen, die Gas|flasche – die Ga se, die Bass|stimme – die Bäs se,
der Fuß|ball – die Fü ße

7 die Fuß|länge – Fü ße, die Spaß|gesellschaft – spa ßen, die Gieß|kanne – gie ßen,
maus|grau – die Mäu se, der Weiß|storch – wei ßer, der Los|verkäufer – die Lo se,
das Schließ|fach – schlie ßen, die Gas|flasche – die Ga se, der Schluss|verkauf –
die Schlüs se

Seite 58

1 a) hin dern, die Rin der, das Sie gel, der Zwil ling, die Bil der, der Spie gel,
lie gen, bil lig, brin gen, schwin gen, die Zwie bel, fin den, bie gen,
grin sen, kit zeln, wie gen, der Win ter, die Schie ne, der Rie se,
der Schie fer, sie ben

b) + c)

Wörter mit ie	Wörter mit i
das Siegel, der Spiegel, liegen, die Zwiebel, biegen, wiegen, die Schiene, der Riese, der Schiefer, sieben	hindern, die Rinder, der Zwilling, die Bilder, billig, bringen, schwingen, finden, grinsen, kitzeln, der Winter
Die erste Silbe ist offen.	Die erste Silbe ist geschlossen.

2 b) **Wörter mit i:** die Win de, die Schil der, spit zer, dic ker, die Kin der, wil der,
die Bil der, mil der
Wörter mit ie: rie chen, krie gen, schie ben, sie gen, die nen,
die Krie ge, die Lie der, vie le, tie fer, lie gen, die Die be

3 Brief|umschlag – die Brie fe; Kinder|spiele – die Kin der, die Spie le;
Dieb|stahl – die Die be, steh len; Riech|organ – rie chen; un|fried|lich – der Frie den;
Himmel|fahrts|kommando – der Him mel

Seite 59

1 c)

	trifft zu	trifft nicht zu
Ich kann beide Texte gleich gut lesen.		X
Der Text in Kleinschreibung ist für mich ungewohnt.	X	
Die Großschreibung hilft mir, mich zu orientieren und schneller einen Überblick zu bekommen.	X	
Die großgeschriebenen Wörter zeigen an, worum es im Text geht.	X	

2 **Nomen mit Artikel:** die Angst, die Würmer, die Maulwürfe, die Oberfläche, die Würmer, die Forscher
Nomen mit dekliniertem Artikel: der Regenwürmer, der Erde, dem Waldboden, der Erde
Nomen ohne Artikel: Regenwürmer, Angst, Maulwürfen, Regentropfen, Erschütterungen
Nomen mit anderen Begleitern: bei Regen, zwei nordamerikanische Studien, ihre Fressfeinde, bei Regen

Seite 60

3 **Artikelprobe:** Die Regentropfen erzeugen auf dem Waldboden **die** Erschütterungen, ...
Zählprobe: Viele Regentropfen erzeugen auf dem Waldboden **einige** Erschütterungen, ...
Adjektivprobe: Dicke Regentropfen erzeugen auf dem Waldboden **heftige** Erschütterungen, die die Würmer falsch deuten.

4 Kanadische Wissenschaftler (Adjektivprobe: kanadische) versahen ein Stück (Artikelprobe: unbestimmter Artikel) Waldboden (Adjektivprobe: ein großes Stück erdiger Waldboden) mit Holzpflöcken (Zählprobe: mit einigen Holzpflöcken), die Tieftonschwingungen (Zählprobe: zahlreiche Tieftonschwingungen) von 500 Hertz (Artikelprobe: unbestimmter Artikel) und weniger erzeugten. Solche Frequenzen (Artikelprobe: bestimmter Artikel) sind typisch für die Geräusche (Artikelprobe: bestimmter Artikel) eines grabenden Maulwurfs (Adjektivprobe: grabenden Maulwurfs). Zahlreiche Regenwürmer (Zählprobe: zahlreiche) fielen auf den Fehlalarm (Artikelprobe: deklinierter Artikel) herein und kamen aus der Erde (Artikelprobe: deklinierter Artikel) gekrochen, berichten die Forscher (Artikelprobe: bestimmter Artikel).
Nasse Erde (Adjektivprobe: nasse) allein veranlasste die Regenwürmer (Artikelprobe: bestimmter Artikel) nicht dazu, ihr Reich (Adjektivprobe: feuchtes Reich) zu verlassen, zeigte der Forscher (Artikelprobe: bestimmter Artikel) Kenneth Catania von der Universität (Artikelprobe: deklinierter Artikel) in Nashville. Wenn er den Würmern (Artikelprobe: deklinierter Artikel) aber einen Maulwurf (Artikelprobe: unbestimmter Artikel) zur Gesellschaft (Artikelprobe: zu der Gesellschaft) gab, der sich in ihre Richtung (Artikelprobe: bestimmter Artikel) grub, traten sie blitzschnell die Flucht (Artikelprobe: bestimmter Artikel) an.
Auch Regenwurmsammler (Artikelprobe: die Regenwurmsammler) ahmen unbewusst Maulwurfsgeräusche (Adjektivprobe: typische Maulwurfsgeräusche) nach, wenn sie mit einem Stock (Artikelprobe: unbestimmter Artikel) auf die Erde (Artikelprobe: bestimmter Artikel) klopfen.
Die Experten (Artikelprobe: bestimmter Artikel) hatten die Regenwurmarten (Artikelprobe: bestimmter Artikel) Diplacardia mississippiensis und Diplocardia floridana unter die Lupe (Artikelprobe: bestimmter Artikel) genommen. Ob der in Deutschland (Adjektivprobe: in dem schönen Deutschland) beheimatete Wurm (Adjektivprobe: beheimatete Wurm) Lumbricus terrestris genauso reagiert wie seine amerikanischen Artgenossen (Adjektivprobe: amerikanischen), bleibt abzuwarten.

Seite 61

1 Die Aussagen A, B, C, E, G treffen zu, D und F treffen nicht zu.

2 V*ie*rzehn hungr*i*ge Schneckenmäulchen fraßen g*ie*rig fr*i*sche Zw*ie*belpflänzchen aus dem Beet, aber die Gartenbes*i*tzer schw*ie*gen l*ie*ber, als die T*ie*rchen zu verg*i*ften.

3 b) – d)
Nomen sind unterstrichen; Verlängerungswörter sind grau hinterlegt; Merkwörter sind (eingekreist).

alarm! alarm! (Hier) spricht die polizei: Bertolt (biber,) der ist frei! ist aus seinem (zoo) entwichen, hat sich in die (stadt) geschlichen, wo er seitdem klaut (und) frisst, dass es nicht zu glauben ist. Hundertzwanzig streuselkuchen (sind) verschwunden, und (wir) suchen außerdem ein ganzes fass honig, siebzig ananas, tausend tafeln schokolade, neunzig eier, und gerade hören (wir), es (fehlt) noch (mehr):	(Ob) negerkuss, ob gummibär, ob marzipan, ob früchtebrot, ob speiseeis, ob (obst)kompott, ob groß, ob klein, ob heiß, ob kalt – bertolt macht vor gar nichts halt. Drum lasst (ihn) nicht in eure (wohnung!) Hunderttausend mark (belohnung) winken dem, der (ihn) ergreift und zur nächsten wache schleift. (Seid) so gut, schafft (ihn) herbei! Schönen dank! Die polizei.

e) Die **ie**-Schreibung wurde nicht immer regelhaft verwendet. Bei „Bi ber“ ist die erste Silbe offen, obwohl sie laut der Regel geschlossen sein müsste. Deshalb ist Biber ein Merkwort. Bei „sieb zig“ ist die erste Silbe geschlossen, obwohl sie laut der Regel offen sein müsste.

Seite 62

2

Vergessene und vertauschte Buchstaben, doppelte Konsonanten	Fehler bei Einsilbern und am Wortende	e und eu oder ä und äu?	Wortzusammensetzungen	M Merkwörter: Nicht verlängerbare Einsilber, Dehnungs-h, Wörter mit v, x, chs	XX Großschreibung
Immerhin, Aufenthalt, Rüssel, ausgestorben, liefern, stammen, außen, Jäger, saumäßig	Beginn, niemand, Sonnenbrand, Eiweiß, lässt, rund	Engländern, europäischen, aufwändige, Zäune, Säue	Zuchtergebnis, Zuchtziel, Landschaftspflege, Pflanzlichen	vorher, mehr, Gefahr, Larven, wachsen, fühlen	Fett, Züchter, Sonnenbrand, Gefahr, Grünzeug, Mischkost, zum Pflanzlichen, Wühlarbeit, Landplage, beim Fressen

Drei Fehlerwörter mit zwei Strategiezeichen: Sonnenbrand, Gefahr, Pflanzlichen

P934966